BEI GRIN MACHT SICH IHR
WISSEN BEZAHLT

- Wir veröffentlichen Ihre Hausarbeit,
  Bachelor- und Masterarbeit

- Ihr eigenes eBook und Buch -
  weltweit in allen wichtigen Shops

- Verdienen Sie an jedem Verkauf

Jetzt bei www.GRIN.com hochladen
und kostenlos publizieren

Kultur als Ware und Standortfaktor. Kultur- und Standortpolitik

Uwe Lammers

Bibliografische Information der Deutschen Nationalbibliothek:

Die Deutsche Nationalbibliothek verzeichnet diese Publikation in der Deutschen Nationalbibliografie; detaillierte bibliografische Daten sind im Internet über http://dnb.d-nb.de abrufbar.

ISBN: 9783346573278
Dieses Buch ist auch als E-Book erhältlich.

© GRIN Publishing GmbH
Nymphenburger Straße 86
80636 München

Druck und Bindung: Books on Demand GmbH, Norderstedt Germany
Gedruckt auf säurefreiem Papier aus verantwortungsvollen Quellen

Das Buch bei GRIN: https://www.grin.com/document/1141098

Skript zum Kurs

WS 2021/22

Kultur
als Standortfaktor

Dr. Uwe Lammers

Inhalt

„Ohne zu schreiben, kann man nicht denken; jedenfalls nicht in anspruchsvoller, anschlussfähiger Weise."

Niklas Luhmann, deutscher Soziologe, 1927-1998

Einführung: Das Lernen lernen und Fragen entdecken

Bevor nun gleich zu Beginn die altbekannte Schelte auf Soziologen im Besonderen und akademische Erörterungen und Wissenschaft im Allgemeinen beginnt, muss erwähnt werden, dass Luhmann - der spätere Professor und gleichsam Popstar der Soziologie - als studierter Jurist noch bis 1962 als Verwaltungsbeamter arbeitete, unter anderem am Oberverwaltungsgericht in Lüneburg und im niedersächsischen Kultusministerium. 1961 arbeitete er des Weiteren als Referent an der Deutschen Hochschule für Verwaltungswissenschaften in Speyer. Promotion und Habilitation in der Soziologie folgten aus persönlichen Motiven anschließend 1968. Das genügt uns zum Einstieg, um neben dem Eingangszitat hier eine erste Verbindung von Verwaltung und Wissenschaft zu erkennen, um darüber nun zu den ersten Grundlagen, nicht zuletzt: des Lernens, zu kommen.

Wir wählen diesen kurzen Umweg samt Zitat, um zu skizzieren, warum erstens Theoriebindung und /-bildung wichtig sind, und zweitens, warum das affektive und kognitive Lernen von Bedeutung sind. Soll heißen: Lesen, Lernen, Denken, Schreiben und Handeln gehen eine - oft leider unheilvolle - Symbiose ein. Unheilvoll schon deshalb, weil das Gelesene und Erlernte sowie die eingereichte Arbeit im schlimmsten Fall dann nicht dem entsprechen, was Curriculum und Lehrkraft erwarten. Im besseren Fall folgen bereits in der Lehrveranstaltung der akademisch begründete Zweifel, der Widerspruch und die Diskussion darum, wie das Gehörte zu verstehen sei, und was es nun „bedeute". Erst über das Schreiben jedoch gelingt eine erste Annäherung, wie das oben genannte Zitat andeuten möchte. Schließlich ist man so gezwungen, die Gedanken näher auszuformulieren, Lücken der Erklärung zu finden und möglichst zu schließen, was durchaus nicht immer gelingt.

Im Ergebnis möchte dieses Papier als Arbeitshilfe dazu ermutigen, Fragen zu stellen, um im Rahmen dieses Kurses erste Erklärungen zu finden. Das sind nicht zwingend abschließende Antworten, sondern erste Hilfestellungen und Hinweise, um weitere Arbeiten abzuleiten.

„Was soll ich damit? Das brauche ich nie wieder!"

Und schon ist man mittendrin in der Theoriebildung und der Diskussion, was man denn damit schon anfangen soll, respektive ob und dass man all das in seinem späteren Berufsleben der Hamburger Verwaltung und dem persönlichen Alltag nie wieder benötigen wird. Speziell zum Thema der Standortpolitik liegt es dennoch nahe, sich insbesondere in unserem Kontext der

Verwaltungsausbildung näher mit diesem Gegenstand zu beschäftigen. Denn die Auswirkungen erleben alle, die sich in dieser Stadt bewegen, nahezu täglich. Vielleicht nehmen Sie selbst sogar begeistert an der einen oder anderen Veranstaltung teil, verteidigen dieses Konzept und ein bestimmtes Event oder verantworten sogar bestimmte Planungen oder Genehmigungen.

Wir wollen nun im folgenden Halbjahr versuchen zu verstehen, wie das wechselseitige Verhältnis von Theorie und Praxis, von Annahmen, Begründungen und Belegen funktioniert. Wir werden etwas über Werturteile und moralische oder politische Bewertungen hören sowie von der Wissenschaft im Allgemeinen und der Ökonomie im Besonderen. Das Spannungsverhältnis von Theorie und Praxis, von Annahme, Ableitung und Begründung, kann dennoch vorweg als unauflösbar gelten, da sich beide Positionen stets aufeinander beziehen müssen, ohne je einen Ausweg zu finden, sich voneinander befreien zu können: *„Die Unterscheidung von Praxis und Theorie ist eine theoretische Unterscheidung; von ihr aus kann man sehen, dass die Verknüpfung von Theorie und Praxis ein praktisches Problem ist.“* (Vobruba 2017, 179) Das will erklärt werden, und das funktioniert am besten vom Bekannten hin zum Unbekannten, vom Kleinen zum Großen, um so dann wieder den Anschluss zum Bekannten herzustellen und zu verfestigen. Das nennt man den hermeneutischen Zirkel und beschreibt den Lernfortschritt.

Sobald also die Frage im Raum steht, ob man das Erlernte und wenigstens das Gehörte tatsächlich nie wieder braucht, und wozu all das gut sei, beginnt schon die Erörterung und Suche nach Belegen für oder wider das eine wie das andere. Man kann also verifizieren oder falsifizieren, eine These bestätigen oder widerlegen. Schnell steht die unbewiesene These im Raum, dass man die Klausur oder eine Hausarbeit und all das auch ohne dieses oder jenes Wissen besteht, und dass das alles nur Marotten der jeweiligen Lehrkraft sind. Ist das tatsächlich so? Sofort ist man gezwungen zu argumentieren und durch empirische Beweise zu belegen und abzuleiten, sofern man die Diskussion ernst nimmt. Sind die Belege glaubhaft? Das ist schon der Anfang von Wissenschaft und von Theoriebildung: Begründung und Herleitung, um Gesetzmäßigkeiten zu erkennen und zu erklären. Im Wald die Bäume zu erkennen, und die einzelnen Bäume als Wald zu erkennen und anschließend zu benennen, um daraus Ableitungen zu bilden, welcher Baum sich wie verhält und warum.

Oder sind das vielleicht nur Schlagworte und Phrasen, die Sie und andere aufgeschnappt haben und nun buchstäblich blind reproduzieren, weil ganze Kohorten von Lernenden und Absolventen diesen Satz irgendwann sagten? Man braucht all das nie wieder? Damit wird das Gesagte zum Glaubenssatz und schließlich zum Narrativ, unabhängig vom Wahrheitsgehalt.

Hier zeigt sich im Übrigen schon die erste Parallele von Standortpolitik, der wissenschaftlichen Evidenz, dem persönlichen Lernverhalten und politischer Meinung. Es kommt zu einer Übergeneralisierung von wenigen paradigmatischen Fällen. Anders formuliert wird das Gesagte mittels anekdotischer Evidenz, die mit verstreuten und empirischen Belegen garniert wird, zu einem Dogma. Man glaubt nur noch, was man glauben will, weil es die eigene Meinung umgehend bestätigt und bekräftigt – ganz ohne tatsächliche empirische Überprüfung. Die erscheint sogar unnötig, eben weil das Modell der Annahmen in sich plausibel erscheint. Und das ist völlig unabhängig von der Seite, die eine Meinung vertritt.

Dass man schließlich nicht für die Schule, sondern fürs Leben lernt, ist zum einen zwar reichlich abgegriffen, zum anderen belegt es aber genau das, was in solchen festgefahrenen ergo dogmatischen Diskussionen stets passiert: Beide Seiten ziehen sich nur noch auf ihre eingeübten Muster zurück und haben im Zweifel irgendeinen anekdotischen Beleg samt Zitat eines Säulenheiligen, das auswendig gelernt mit dem Brustton tiefer Überzeugung vorgetragen wird. Diese Art der Meinungsbildung funktioniert im politischen wie im wissenschaftlichen Feld und jedem anderen tadellos.

Dennoch soll uns das hier an dieser Stelle zunächst genügen, zu verstehen, wie politische Konzepte, etwa zur Standortpolitik, entstehen, sich ausbreiten und verfestigen.

Dem Klischee nach sind Veranstaltungen aller Art gut für die Stadt, weil sie Geld in die Kassen der Stadt, der Unternehmen und der Einwohner spülen, und alle damit nur gewinnen. Beispiele für solche Veranstaltungen gibt es in Hamburg nahezu wöchentlich. Wie wird das Modell aber erklärt? Wen betrifft das konkret? Wie wirkt sich das aus? Das Thema der Olympischen Spiele 2024/28 bietet sich hier für eine solche Auseinandersetzung förmlich an, da hier sämtliche Punkte, die gemeinhin mit dem Thema der Standortpolitik assoziiert werden, kumulieren (dazu bspw.: Lammers und Maleck 2015). Wer kann in dem Zusammenhang solcher Konzepte allerdings schon begründet herleiten und abgrenzen, was beispielsweise Multiplikatoreneffekte bedeuten? Wer kann die methodischen Mängel aufzeigen? Offen ist dabei schon, was überhaupt wie induziert wird, für welchen Zeitraum das jeweils gilt und wie es sich abbilden lässt.

Der Zirkelschluss

Sicherlich lässt sich nun blitzschnell eine beliebige Wörterbuchdefinition oder ein Paper aus dem Hut respektive dem Smartphone und den Weiten des Internet zaubern. Damit beginnt umgehend das Problem, eine Aussage oder eine Beschreibung bereits für die abschließende Begründung und Herleitung zu halten. Daran scheitern nicht nur Studierende regelmäßig, wenn sie solche Antworten im Stakkato über wenige Stichworte oder Zeilen in die Klausuren schreiben, weil der Rezipient doch schon weiß, was man meint. Oder wenn Hausarbeiten, Hypothesen und andere Texte bis hin zur Abschlussarbeit keinerlei inhaltliche Begründung und Auseinandersetzung, sondern nur vordergründige Phänomene liefern, und diese schon für die Erklärung halten.

Hier beginnt schon das nächste Problem, dass nicht alles, was vordergründig plausibel und konsistent erscheint, auch tatsächlich kausal sein muss. Korrelation ersetzt nicht dabei keineswegs Kausalität. Das nennt man dann Empirismus und einen Zirkelschluss: eine Beweisführung, in der das zu Beweisende bereits als Voraussetzung enthalten ist, so im Übrigen die herkömmliche Wörterbuchdefinition. Ebenso, nominale und numerische Werte aufzuzählen, gilt noch lange nicht als Beleg oder als Begründung, wenn diese Werte nicht weiter erklärt oder diskutiert werden. Belastbare Fragen zu formulieren, gehört allerdings zu den Königsdisziplinen der Wissenschaften.

Die nicht zuletzt touristische Attraktivität Hamburgs anhand hoher Besucherzahlen und der zahllosen Attraktionen, die auch die Einwohner selbst faszinieren, zu erklären, ist exakt so ein Zirkelschluss anhand von beliebigen Werten: Eine Aussage ohne inhaltliche Begründung, die nur auf sich selbst rückverweist, aber nichts weiter erklärt oder in einen bestimmten Zusammenhang gebracht wird. Entscheidend dafür ist, die wechselseitigen Bedingungen zu erkennen und zu erklären, die zu einem bestimmten Ergebnis führen. Eine Elbphilharmonie etwa steht dort nicht zufällig, weil man den nutzlos gewordenen Kaispeicher A[1] umbauen wollte, und sich gerade nichts anderes ergeben hätte. Dann hätte man dort auch einen Wohnblock, ein Einkaufszentrum, ein Hotel, einen Parkplatz, ein Schnellrestaurant oder irgendetwas anderes hinsetzen können, was jeweils eine durchaus legitime Berechtigung gehabt hätte. Anders formuliert werden oft nur einzelne Resultate und Symptome diskutiert, aber nicht die umfassenden Ursachen und ihre komplexe Entstehung, die erst dazu geführt haben. Das soll nun im Weiteren und hier im Kurs der Fall sein.

Weltstadt Hamburg?

Wir wollen intensiver untersuchen, welche Bedingungen dazu geführt haben, dass Hamburg – neben seinen vielen anderen Etiketten - als sogenannte Kulturmetropole gilt. Das Attribut der Sportstadt (s. Olympia) beispielsweise kumuliert ebenso in der Standortpolitik, wie eine einst ausgerufene *Wachsende Stadt* (2003), die auch Kreative anzuziehen und Innovationen hervorzubringen vermag. Der ursprüngliche Impuls, ob nun Sportveranstaltung, Tourismus, Kongresse und Messen, Kultur, Events und Musicals und vieles andere mehr, ist im Grunde substituierbar. Sie alle sollen dazu dienen, Hamburg mehr Geltung als Weltstadt zu verschaffen (bspw.: Hüls und Dreyer 2006). Ergo man möchte mit den anderen Metropolen dieser Welt konkurrieren und internationale Gäste samt Kaufkraft anwerben - was bis heute nur bedingt gelingt. Dennoch ist das als Aussage noch immer viel zu plakativ und muss näher

---

[1] Das Gebäude, ursprünglich bezeichnet als Kaiserspeicher zu Ehren Kaiser Wilhelm I., wurde 1875 erbaut durch den Wasserbaudirektor Johannes Dalmann und gilt als erstes Gebäude der später dann ab 1883 folgenden Speicherstadt. 1892 brennt es zum ersten Mal aus und wird renoviert. 1943 wurde der Speicher bei Luftangriffen im Zweiten Weltkrieg schwer beschädigt, 1963 endgültig gesprengt und 1966 nach neuen Entwürfen wiedererrichtet. Dennoch war das Gebäude beim Neubau schon veraltet und nicht mehr den neuen Anforderungen des modernen, normierten Warenverkehrs durch Gabelstapler, Paletten und Container gewachsen. Bis zum Frühjahr 2001 wurde das Gebäude dennoch sporadisch genutzt und verlangte nach Umnutzung, so wie sich auch der gesamte Hafen permanent neu ausrichten muss.

ausdifferenziert werden. Denn insbesondere im innerdeutschen, europäischen und internationalen Vergleich weisen Hamburg und die dazugehörige Metropolregion als internationale
Großstadt traditionell bestimmte, insbesondere makroökonomische und strukturelle, Mängel
auf (Hüther 2019; OECD 2019; Volkmann 1993). Politik und Verwaltung sind demzufolge
buchstäblich eingebunden in solche Konzepte einer Standortpolitik, der sie gar nicht entgehen
können. Die Ebenen reichen von entsprechenden Konzepten der Regionen der EU bis zur
lokalen Ebene vor Ort im Bezirk, der entsprechende Vorgaben umsetzen muss. Man denke
etwa an Verkehrskonzepte im Nahverkehr, die eingebunden sind in supranationale Konzepte.

Die Herausforderung besteht dennoch darin, in derart wortreichen Erklärungen hinreichend
konkrete Handlungsanweisungen, Möglichkeiten und Hindernisse für die einzelne Ebene samt
Finanzierung zu finden. Ansonsten bleiben alle solchen Proklamationen und ihre Gegenargu-
mente stets in der Ebene bloßer politischer Rhetorik. Kultur ist dennoch das Bindeglied. Warum?

1   Kultur als Ware

Der Begriff der Kultur ist zunächst äußerst vielschichtig und ebenso uneindeutig wie kontro-
vers. Eine abschließende Definition oder gar eine spezifische Bewertung dieses Terminus
sucht man vergeblich. Ausgehend vom lateinischen Ursprung *cultura* bezeichnet es ursprünglich die Bearbeitung, Pflege, Bebauung und Anbau durch den Menschen in der Land- und
Forstwirtschaft. Darunter wird demzufolge - und im Gegensatz zur Natur (*natura*) - alles in
Gänze vom Menschen materiell und immateriell Geschaffene verstanden. Das reicht heute
weit über Land- und Forstwirtschaft hinaus und ist dem Wesen nach allumfassend, da es kaum
noch einen Flecken und einen Bereich auf der Welt gibt, der nicht von Menschenhand in irgendeiner Weise verändert und gestaltet wurde. Kultur umfasst demzufolge sämtliche Bereiche menschlichen Zusammenlebens. Man spricht beispielsweise von Ess- und Trinkkultur,
Stadtteilkultur, Jugend- und Subkultur oder von politischer Kultur und allerlei gemeinsamen
Ideen, Werten, Idealen, Sinngebungen und Symbolen, die eine vermeintliche Kohäsion erzeu-
gen wie bestätigen sollen. Die Grenze zwischen den einzelnen Teilbereichen einer Kultur zur
anderen und der jeweiligen Epoche sind fließend, da sie von den Akteuren permanent selbst
gestaltet, übernommen oder verworfen und reproduziert werden. Dass Akteure wiederum bestimmte Bereiche auf- oder abwerten, und etwa von sogenannten Hochkulturen sprechen, die
sich durch von ihnen geringgeschätzten, sogenannten primitiven Kulturen, deutlich abgrenzt,
liegt im Wesen der Dinge selbst. Hier geht es schließlich auch um Identität, die verteidigt und
hergestellt wird. Wer nun im Einzelnen etwa die Populärkultur (*„Pop"*) gegenüber der Oper und

dem klassischen Theater vorzieht oder ablehnt, spielt im Grunde kaum eine Rolle. Das hat eher soziologische Gründe. Denn Kultur schafft stets eine gemeinsame Orientierung in die eine und die entgegengesetzte Richtung, wo man jeweils hingehören möchte oder eben nicht.

Im Wesentlichen umfasst der herkömmliche Bereich der Kultur in der Ökonomie die Aktivitäten von Produktion, Distribution und Erhalt künstlerischer Werke, die entsprechend (u.a.) in Theatern, Orchestern, Filmstudios, Kinos, Museen, Archiven und Bibliotheken erfolgen. Dazu gehören aber auch Verlage und Druckereien sowie die klassischen Medien in Form von Hörfunk und Fernsehen (Volkmann 1993, S. 72). Allein das ist umfassend. Das ifo Institut hatte bereits darauf hingewiesen, dass sich der Bereich Kunst und Kultur zum Zwecke einer Untersuchung nur schwierig abgrenzen lässt und stattdessen eine anthropologische Konstante darstellt (Hummel und Berger 1988, 2ff.). Auch das liefert einen Hinweis auf Beschränkungen möglicher Fragestellungen anstelle pauschalisierender und zuweilen moralisierender Erklärungen.

Es reicht daher an dieser Stelle, sich zunächst auf Kunst und Kultur als darstellendes Spiel zu beschränken. Eine exponierte Rolle nehmen hier allerdings Musicals als Publikumsmagnet und hinsichtlich der Umsätze ein. Straßen- und Stadtteilfeste und dergleichen ergänzen dieses Konzept in Hamburg freilich noch und keineswegs abschließend um die Komponente der ästhetischen Inszenierung des Essens und Trinkens (*„Food Trucks"; „Food Market", „Street Food"* usw.) samt des gemeinsamen - freilich: kommerzialisierten - Vergnügens.[2] Oft gehen diese Konzepte fließend ineinander über, und die Anbieter gehen eine Symbiose ein. Es existiert kaum eine Großveranstaltung, auf der nicht auch lokale Gastronomie stattfindet, und Gastronomie, die nicht in irgendeiner Form, etwa durch Aushang und Auslage von Flyern, für diverse kulturelle Einrichtungen und Veranstaltungen wirbt.

Insbesondere für den Standort Deutschland aber ist historisch von immenser Bedeutung, dass es im 18. Jahrhundert die sogenannte Weimarer Klassik hervorgebracht hat. Man fand also Gefallen an Ablenkung und den schönen Dingen des Lebens, parlierte Französisch und gab sich mondän; wenngleich das zunächst nur für bestimmte, sehr kleine und privilegierte Gruppen galt, wie Adel und Klerus und später das sogenannte Bildungsbürgertum. Das repräsentiert zunächst Gruppen, die zum einen über den nötigen Freiraum, und zum anderen über ausreichendes Einkommen verfügen, sich diesen - nicht zuletzt intellektuellen - Genüssen hinzugeben. Sicherlich finden sich frühantike Musikinstrumente, Flöten aus Tierknochen etwa, die darauf schließen lassen, dass sich menschliche Wesen schon sehr früh dieser Art von

---

[2] Man stößt hier nahezu unmittelbar auf den Grundsatz der bürgerlichen Gesellschaft und des ihr zugrundeliegenden Schuldrechts, dass man Geld zu haben hat (s. § 275 BGB). Sprich, wer eine übliche Leistung in Anspruch nehmen möchte, muss sie auch zwingend bezahlen und kann sich von dieser Schuld nicht befreien. Ansonsten kann er die Leistung nicht in Anspruch nehmen.

Vergnügen hingaben, als man noch gar nicht gesellschaftlichen Schichten sprechen konnte. Und auch weit vor dem 18. Jahrhundert findet freilich Musik und künstlerisches Spiel statt.

1.1 Kulturindustrie

Der Turning Point findet mit dem statt, was Horkheimer und Adorno 1944 abschätzig als Kulturindustrie bezeichneten: eine veränderte Produktion und Funktion von Massen- und Populärkultur im Spätkapitalismus[3], die alles einförmig mache und sich fortan den Marktlogiken zum einen selbst unterwirft, und zum anderen solche Mechanismen erst nötig hervorbringt, wie sie zuvor eher unüblich waren (Horkheimer und Adorno 2015). Kunst und Kultur werden nun massentauglich, egalitär und damit schleichend zur Ware und zur Marke anstelle des bloßen Müßiggangs. Sie findet nicht mehr ausschließlich für, von und innerhalb von bestimmten Eliten statt, sondern aufgrund von steigender Produktivität sowie höherer Verfügbarkeit von Einkommen und Zeit nehmen sukzessive mehr Bürger solche Angebote in Anspruch. Die Nachfrage weitet sich aus, und damit weitet sich auch das Angebot aus. Etwa 100 Jahre zuvor (1848) beklagten allerdings Marx und Engels bereits wortgewaltig, dass die Bourgeoisie

> „alle bisher ehrwürdigen und mit frommer Scheu betrachteten Tätigkeiten ihres Heiligenscheins entkleidet (hat). Sie hat den Arzt, den Juristen, den Pfaffen, den Poeten, den Mann der Wissenschaft in ihre bezahlten Lohnarbeiter verwandelt." (Marx und Engels 2004, S. 22)

> „Alles Ständische und Stehende verdampft, alles Heilige wird entweiht, und die Menschen sind endlich gezwungen, ihre Lebensstellung, ihre gegenseitigen Beziehungen mit nüchternen Augen anzusehen." (Marx und Engels 2004, S. 23)

Eine solche moralische Empörung über eine vermeintliche Entweihung oder Entzauberung (Max Weber) einst sakraler Begriffe übersieht dennoch den inhärenten Zwang zur Ökonomisierung einer entwickelten Gesellschaft und ihrer Mitglieder, die permanent in Austauschbeziehungen mit anderen stehen. Und das gilt seit der Antike, besonders für Städte und deren Machtpolitik und ihre entsprechenden Haushalte im Sinne eines *Oikos* (Weber 2005, 298f.).[4]

---

[3] Die Unterscheidung in Phasen des Frühkapitalismus (bis zum 18. Jahrhundert), den Hochkapitalismus im 19. Jahrhundert und dem Spätkapitalismus nach dem 1. Weltkrieg ist eine ideologische, zumeist marxistische, Herleitung, die mit der Annahme bestimmter evolutionärer Prozesse hin zum Zusammenbruch operiert, die sich empirisch so nicht halten lässt, da sie nicht zuletzt viele Autoren anders benennen und begründen. Zudem entsteht der Terminus des Kapitalismus erst im 19. Jahrhundert für ein Wirtschaftssystem, das auf Privateigentum, Gewinnstreben, Risiko und der Eigenverantwortung beruht, die allesamt über den Markt gesteuert werden. Ursache ist die frühe Industrialisierung, die im Unterschied zu bisher weitgehend handwerklich geprägter Arbeit und Betrieben große Mengen an Kapital benötigte.
[4] Ein solcher Oikos im technischen Sinne umfasst nicht nur bloß den einzelnen privaten Haushalt einer Familie in der griechischen Antike, sondern ebenso zum einen jene daraus abgeleiteten Haushalte ergo Betriebe, die Waren

Das richtet sich als intellektuelles Prinzip aber gar nicht primär an ein spezifisches Wirtschaftssystem oder nach einer Wirtschaftstheorie, sondern vielmehr nach den rationalen Grundsätze, denen ein spezifischer gemeinsamer Sinn des intendierten Handelns zugeschrieben wird (Weber 2005, 43ff.), wie ihn Marx selber im Abschnitt *Ware und Geld* detailreich und (fast) ganz ohne Eifer beschreibt (Marx 1984, 49ff.). Der entscheidende Punkt ist die organisierte Deckung eines festgestellten Bedarfs, und nicht vorrangig die Kapitalverwertung. Diese können sogar in einem veritablen Widerspruch zueinander stehen. Ihren Ausdruck findet die Haushaltsplanung entsprechend in der Buchführung, welche erst als Kameralistik (einfache Buchführung) und später als sogenannte doppelte Buchführung in Konten („*Doppik*") entsteht. Diese leitet im Übrigen seit 2013 auch den Staatshaushalt der FHH. Kapitalismus und Ökonomie sind somit keine Synonyme. Vielmehr drücken sie bestimmte Beziehungen und Funktionen aus, die sich neben dem politischen (Staats-)Haushalt in Effekte der Mikro- und Makroökonomie unterscheiden lassen. Diesem Umstand muss sich eine diffuse Kapitalismuskritik stellen, die ebenso die notwendige Kodifizierung über Normen, Regeln und Werte des gemeinsamen Zusammenlebens übersieht, die eine Ökonomie und Politik im Sinne von Oikos und Polis erst möglich machen.

1.2 Ökonomische Effekte

Eine expansive Ökonomisierung der Kunst und Kultur in Deutschland zeichnet sich spätestens im letzten Drittel bis zum Ende des 20. Jahrhunderts ab, die auch dort zum ersten Mal näher analysiert und thematisiert wird (Hummel und Berger 1988). Das hat Gründe. Denn zum einen ist der Markt für solch ein Segment von Kunst und Kultur relativ begrenzt. Zum anderen hält sich permanent das Vorurteil, Kultur erbringe keinen messbaren Nutzen, sondern sei einzig abhängig von staatlichen Zuschüssen, ohne selbst maßgeblich an der Finanzierung beteiligt zu sein. Dennoch ist der Anteil kultureller Leistungen an der Wertschöpfung der gesamten Volkswirtschaft enorm, wurde aber zuvor kaum näher untersucht (Hummel und Berger 1988). Entsprechend wird seither Kultur gefördert, um als Bindeglied und Multiplikator zu wirken. Eine erste Abgrenzung und Zuordnung zeigt sich anhand der Wirtschaftsstatistik.

Die insgesamt 37.000 steuerpflichtigen Unternehmen und Selbstständigen der Musikwirtschaft[5] in Deutschland erzielten im Jahr 2015 einen Gesamtumsatz von 9,7 Milliarden Euro.

---

aller Art herstellen und vertreiben, und zum anderen aber auch den Haushalt eines Fürsten oder Grundherren und Patriziers, der eine bestimmte Region verantwortet. Daraus leiten sich bis heute die Grundsätze und Begriffe der modernen Buchführung ab.

[5] Die Abgrenzung der Wirtschaftszweige für die Kultur- und Kreativwirtschaft, darunter auch die Musikwirtschaft, wurde im Jahr 2009 durch die Wirtschaftsministerkonferenz vorgelegt und zuletzt im Jahr 2011 aktualisiert. Danach werden folgende Wirtschaftszweige werden unter dem Begriff Musikwirtschaft subsumiert:

Der größte Anteil entfiel dort mit 27,4 % auf den Wirtschaftszweig Selbstständige Komponisten und Musikbearbeiter (10.200 Steuerpflichtige). Knapp dahinter lagen mit 24,3 % aller Steuerpflichtigen die Unternehmen und Selbstständige der Wirtschaftszweige Erbringungen von künstlerischen Dienstleistungen, Theater- und Konzertveranstalter, Opern-, Schauspiel-, Musical-, Theaterhäuser und Konzerthallen (9.037 Steuerpflichtige). So sind die Wirtschaftszweige mit dem zweitstärksten Anteil am Gesamtumsatz in der Musikwirtschaft (32,9 %) die Erbringungen von künstlerischen Dienstleistungen, Theater und Konzertveranstalter, Opern-, Schauspiel-, Musical-, Theaterhäuser und Konzerthallen. Sie erzielten 2015 zusammen 3,2 Mrd. Euro und haben damit die anteilsmäßig höchsten Umsatzsteigerungen der hier betrachteten Wirtschaftsbereiche gegenüber 2013. Das war eine Zunahme um 2,2 Prozentpunkte (Statistische Ämter des Bundes und der Länder 2020, S. 20).

Eine Begrenzung dieses Marktes und ihres Segments zeigt sich zum einen allein schon räumlich wie geografisch, und zum anderen anhand der Kaufkraft des Publikums und der Anziehungskraft auf jenes Publikum. Das hat betriebswirtschaftliche ergo mikroökonomische Anreize und Auswirkungen für die Anbieter der Leistung. Ergo: Familien und neue Einwohner wählen bewusst Orte mit vielfältigem kulturellem Angebot. Wir haben also zunächst klassisch zwei Seiten: Angebot und Nachfrage, die idealtypisch ins Gleichgewicht kommen müssen. Das sind zwei Seiten, die beide jeweils verschiedene Bedingungen einfordern wie vorfinden müssen, um erstens sich selbst zu entfalten, und zweitens ihre zugeschriebenen Multiplikatoreneffekte zu entfalten. Ansonsten drohen existenzielle Krisen, wie etwa ein Überangebot und die Marktbereinigung mit zum Teil fatalen Folgen, wie etwa Jobverluste oder verlorene Investitionen und dergleichen mehr. Das betrifft sämtliche Kulturbetriebe wie Kulturschaffende, also Theater und weitere Orte der Darbietungen und Entstehungen, Schauspieler und Regie ebenso wie allerlei Personal im Hintergrund samt Peripherie, das direkt und indirekt vom Bereich der Kultur und ihren Aufträgen abhängig ist, allen voran in der Beschäftigung und letztlich ihrer eigenen Kaufkraft, vermittelt über Arbeitseinkommen, aber ebenso über Auftragsvolumnina. Das ist beispielsweise technisches Personal ebenso wie logistisches, vom Catering bis zur Maske über Medien und die Garderobe samt der Verwaltung und Zulieferern usw. Auch

---

- Selbstständige Komponisten, Musikbearbeiterinnen und -bearbeiter
- Orchester, Kapellen, Chöre, Ballettgruppen
- Tonstudios/Herstellung von Hörfunkbeiträgen
- Tonträgerverlage
- Musikverlage
- Theater- und Konzertveranstalter
- Opern-, Schauspiel-, Musical- und Theaterhäuser, Konzerthallen etc.
- Erbringung von Dienstleistungen für die darstellende Kunst
- Herstellung von Musikinstrumenten
- Einzelhandel mit Musikinstrumenten und Musikalien
- Einzelhandel mit bespielten Tonträgern. Quelle: Statistische Ämter des Bundes und der Länder 2020, S. 97.

hier ist eine Abgrenzung aufgrund des diffusen Kulturbegriffes mitunter schwierig. Das Statistikamt hält dazu fest:

„Die Zahl der Erwerbstätigen in Kulturberufen betrug im Jahr 2018 hochgerechnet 1,3 Mill. Personen, darunter 645 000 Frauen (50,3 %) und 637 000 Männer (49,7 %). Im Vergleich zum Jahr 2013 ist die Anzahl der Erwerbstätigen in Kulturberufen um 51 000 Personen angestiegen. Der Anteil an Erwerbstätigen in Kulturberufen an den Erwerbstätigen in Deutschland insgesamt betrug 3,1 %. Dieser Anteil hat sich gegenüber dem Jahr 2013 nicht verändert. Unter den Kulturberufen nahmen die Berufsgruppen „Lehrtätigkeiten an außerschulischen Bildungseinrichtungen" (16,9 %), „Technische Mediengestaltung" (16,3 %) sowie der Bereich „Redaktion und Journalismus" (12,5 %) im Jahr 2018 erneut die größte relative Bedeutung ein. Auch im Jahr 2018 haben im Bundesländervergleich die Stadtstaaten, insbesondere Berlin und Hamburg, eine besondere Stellung für Beschäftigte im Kunst- und Kulturbereich. In Berlin waren im Jahr 2018 insgesamt 167 000 Personen in Kulturberufen erwerbstätig, in Hamburg 65 000 und in Bremen 14 000 Personen. Der Anteil an allen Erwerbstätigen betrug in Berlin 9,0 %, in Hamburg 6,7 % sowie in Bremen 4,2 %. Somit lagen die Stadtstaaten über dem Bundesdurchschnitt von 3,1 %." (Statistische Ämter des Bundes und der Länder 2020, S. 66)

Nur das Attribut *Kultur* allein sagt somit noch nichts über die Nähe oder Bedeutung für das darstellende Spiel oder die Beschäftigungswirkung in toto aus, dennoch liegt der Anteil der Erwerbstätigen in den sogenannten Kulturberufen insgesamt in Hamburg weit über Bundesdurchschnitt. Das verdeutlicht einmal mehr die Bedeutung dieses Segments für die Stadt.

Eine weitere Rolle spielt hier der Handel, da Tickets meist im Distributionshandel vertrieben werden, und die Theater sie ohnehin gar nicht alle selbst verkaufen können. Ökonomischer formuliert ist von großer Bedeutung, wie viele Einheiten von Kultur an einem Standort in Form der Tickets als Platzhalter fürs Angebot jeweils produziert und verkauft werden (können). Ist dieser Standort lukrativ, verspricht er idealtypisch weitere attraktive Investitionen und zieht traditionell weitere Kunden, Anbieter und Aufträge an und reproduziert seinen Effekt permanent. So die Theorie. Hinter den Tickets verstecken sich über die Eintrittspreise die Erlöse und Anreize, die dann entsprechend wirksam werden.

Allerdings bringt das eine ganze Reihe von direkten und indirekten, mittelbaren und unmittelbaren Effekten (2) mit sich, so dass die Kultur sich selbst oder die Region keineswegs ausschließlich über Verkaufserlöse finanzieren würde. Das wäre viel zu kurz gedacht und ein rein mechanistisches Denken über isolierte ergo betriebswirtschaftliche Salden. Vielmehr sind es die wechselseitigen und makroökonomischen sowie politische Bedingungen, die erst notwendig und hinreichend herrschen müssen, um von Erfolgen, etwa in der Region und für die

Region sprechen zu können. Das gilt für alle ökonomischen Modelle, also vom Autokauf bis zum Supermarkt und der einzelnen Zucchini im Kühlschrank.

Der einzelne betriebswirtschaftliche Erfolg zeichnet sich zwar erst in der Bilanz eines spezifischen Anbieters nach Ablauf einer bestimmten Epoche ab, und drückt sich nicht in der Zahl oder Höhe bestimmter Umsatzerlöse aus. Diese sind aber nur Mittel zum Zweck, und kein Ausdruck des mittelbaren, indirekten wie auch immer gearteten Erfolges einer Branche oder der Region. Hier kommt die Regionalpolitik zum Tragen, die entsprechende Fragen und Antworten suchen und finden muss.

Kultur findet demzufolge in urbanen Ballungsräumen - ergo einem bestimmten Standort - deutlich bessere Bedingungen vor, während sie in der Peripherie einer Region - insbesondere ökonomisch - eher ein Schattendasein fristet. Das ist an dieser Stelle gar nicht wertend gemeint, sondern erklärt sich allein aus der Nachfrage, der Dichte und Konzentration an Zahl von Theatern und anderen Spielstätten in Großstädten gegenüber ihrer Peripherie und ihrem vielfältigen Angebot.

Laut der Homepage der Stadt[6] verzeichnet Hamburg über 300 kulturelle Einrichtungen, davon rund 60 Museen, zahlreiche Galerien, circa 45 Theater, etwa 20 Kinos sowie 150 kleine und große Musikclubs:

> *„Von den Elbphilharmonie Konzerten über Theater, Musical oder experimentelle Bühne, Kunsthalle oder Off-Galerie, von den Angeboten der Bücherhallen bis hin zum Gängeviertel - die Vielfalt und Vitalität der Hamburger Kulturlandschaft zieht in pandemiefreien Zeiten täglich rund 50.000 Besucherinnen und Besucher an.“* (ebd.)

Eine Hypothese könnte dennoch lauten, dass sich eine starke Konzentration um die Angebotsform Musical bildet.

1.3 Musicals und Tourismus

Allein die Anzahl der in Hamburg aufgeführten Musicals[7] ist seit 1986 mit der deutschen Premiere von *Cats*[8] unüberschaubar geworden. Musicals waren bis dato in Deutschland völlig unbekannt. Man konzentrierte sich bisher ausschließlich auf Ballett, Schauspiel und Oper. Die Ursprünge des Musiktheaters liegen aufgrund ethnischer und kultureller Vielfalt in New York und London des 19. Jahrhunderts. Bisher wurden etwa 30 überwiegend große und einige

---

[6] https://www.hamburg.de/kultur-a-z/ (Zugriff 02.08.2021)
[7] Ich danke Stephan Jaekel von der Stage Entertainment GmbH für die freundliche Überlassung der hier genannten Angaben bzgl. eines Überblicks des Marktes für Musicals in Hamburg.
[8] Die Welt-Uraufführung von Cats fand am 11. Mai 1981 in London statt.

kleine Stücke sogenannter En-suite-Produktionen[9] in Hamburg aufgeführt. Das umfasst im Wesentlichen folgende Anbieter:

1986 bis 2000	6	Stella AG
Seit 1991	1	Schmidt Theater/ Schmidts Tivoli
1995 bis 1999	1	Buddy Holly KG
Seit 2000	22	Stage Entertainment
Seit 2020	1	Mehr-BB Entertainment GmbH
Ab 2021/22	2	Stage Entertainment

Dafür verantwortlich sind hauptsächlich etwa fünf große Musicaltheater in der Stadt und ihre angeschlossenen Betreiber, die oft feste Allianzen mit touristischen Bus- und Reiseunternehmen und spezifischen Tournee-Veranstaltern der Künstler pflegen. Die Stella AG war bis zu ihrer Insolvenz im Jahr 2000 Deutschland-Marktführer der Musicals. Die Stage Entertainment GmbH hat diese Rolle fortan übernommen und ausgeweitet, vor allem durch die Entwicklung eigener Musicals und neben der Lizenznahme internationaler Stücke. Hier zeigt sich bereits die erste weitreichende Bedeutung und Verknüpfung zwischen verschiedenen Segmenten, wie etwa Tourismus, Verkehr, Musik, Kultur und Künstler, die innerhalb dieses Segments weiter differenziert werden müssen,[10] und den Regionen wie Ländern weltweit. Stage Entertainment betreibt allein in Hamburg vier große Theater zwischen 1.350 und 2.030 Plätzen – sowie am Sitz der Zentrale in der Speicherstadt noch das 320 Plätze fassende Kehrwieder Theater in kultureller und Veranstaltungs-Mischnutzung.

Inzwischen gilt Hamburg als drittgrößte Musicalstadt der Welt nach New York und London. Allein das Musical *Cats* sahen in Hamburg in den 15 Jahren von 1986 bis 2001 mehr als 6 Millionen Zuschauer. Das Schmidt Theater lässt auf seiner Homepage[11] wissen, dass seit 1991 bereits 2,5 Millionen Zuschauer das Musical „*Heiße Ecke*" begeisterte und damit nach eigenem Wortlaut „*die aktuell erfolgreichste deutschsprachige Musiktheaterproduktion ist.*" (ebd.). Im Übrigen findet man dort auf der Website des Schmidt Theaters einen eigenen Button

---

[9] Ein En-suite-Spielbetrieb (frz. en suite: in der Folge, nacheinander) umfasst immer nur eine einzige Produktion eines Theaters, die dann regelmäßig gespielt wird, bis die nächste folgt. Das klassische Theater gilt dagegen als Repertoirebetrieb mit wechselnden Stücken.

[10] Dazu gehören internationale Abkommen über Rechte und Ausbildungen und Veranstaltungen etc., wie auch die Einkommen der einzelnen Akteure dieser Segmente und viele andere mehr, die über die Bedeutung eines Stückes vor Ort weit hinaus gehen.

[11] https://www.tivoli.de/programm-tickets/heisse-ecke.html?etcc_cmp=Branding+Hei%C3%9Fe%20Ecke&etcc_grp=Explizite+Suchen&etcc_med=SEA&etcc_par=Google&etcc_bky=heisse%20ecke&etcc_mty=b&etcc_plc=&etcc_ctv=416593832342&etcc_bde=c&etcc_var=CjOKCQjw6s2IBhCnARIsAP8RfAjgnLhRrLKllCFIAtrWx-QtaiJ6DcwPai646wCKYN6X1l5tllv2HsAaAvUxEALw_wcB&gclid=CjOKCQjw6s2IBhCnARIsAP8RfAjgnLhRrLKllCFIAtrWx-QtaiJ6DcwPai646wCKYN6X1l5tllv2HsAaAvUxEALw_wcB

„*Gruppen und Tourismus*", um dort ganze Pakete zu buchen: Partnerhotels, Hotelpakete und Busunternehmen gehören dort zum Angebot, das in ähnlicher Form auch Stage und andere Mitbewerber offerieren. Es geht also um den vollumfänglichen Service mit allerlei induzierten, wenn auch diffusen, Effekten, die es lohnt zu analysieren.

Dazu kommen genuin im Schlepptau der Theater und ihrer Stücke diverse Ausbildungsstätten der sogenannten Performing Arts, also Tanz, Gesang und Schauspiel, um den Nachwuchs der Darsteller insbesondere für Musicals auszubilden. Diese sind teils privat und teils öffentlich organisiert. Die bekannten Privaten innerhalb der Metropolregion sind:

- Stage School Hamburg in Ottensen
- Stage Art Musical School in Jenfeld[12]
- Norddeutsche Musical Akademie in Pinneberg

Weit außerhalb der Stadt liegen die drei öffentlichen Hochschulen

- Folkwang Universität Essen
- Universität der Künste Berlin
- August Everding Musikakademie München

Dazu kommen einzelne weitere verstreute Angebote und Nischen solcher Studiengänge an einzelnen Hochschulen, denen es aber offenbar noch deutlich an Koordination, Kohärenz und Reputation insgesamt fehlt. Weitere Fragen sind, ob es gegebenenfalls sinnvoll wäre, dass die staatliche Musikhochschule einen Studiengang Musical anbietet, der sich nicht ausschließlich an künftige Darsteller richtet, sondern auch angehende Autoren, Komponisten oder das Regiefach und Bühnentechnik und viele andere Bereiche dieser Kulturform adressiert, die bisher eher noch im Schatten der traditionellen Kulturbetriebe stehen. Eine nähere Spezifizierung auf Genre Musical könnte auch denkbar sein, um weitere und zukünftige Künstler anzuziehen, nicht zuletzt, um den Standort weiter zu stärken oder attraktiv zu machen.

Allein diese oben genannten Werte verdeutlichen, welchen Wert und welche Anziehungskraft Kultur für und in Hamburg bereits gegenüber dem Umland hat. Die Zahl von 50.000 Gästen der Kultur (vgl. Hamburg.de) entspricht dabei dem Wert der Einwohner einer größeren Stadt.

Dennoch liegt Hamburg aufgrund seines Status als Stadtstaat damit keineswegs an der Spitze im Bundesdurchschnitt. Die Flächenländer Nordrhein-Westfalen, Bayern und Baden-Württemberg liegen traditionell weit vor Hamburg. Die Theaterstatistiken des Deutschen Bühnenvereins zählten für die Spielzeit 2017/18 in den öffentlichen und privaten Theatern insgesamt 26,1

---

[12] Trotz der auffallenden Namensähnlichkeiten dieser beiden Schools haben diese nichts mit der Stage Entertainment GmbH zu tun, so dass Unternehmen.

Millionen Besucher.[13] In acht von 16 Bundesländern meldeten die Spielstätten deutlich über eine Million Besuche. Die meisten Besuchszahlen gab es mit 4,7 Millionen in Nordrhein-Westfalen, gefolgt von Bayern mit 3,3 Millionen, Baden-Württemberg mit 3,1 Millionen Berlin mit 2,8 Millionen, Hamburg mit 2,4 Millionen, Sachsen mit 2,2 Millionen sowie Hessen und Niedersachsen mit jeweils 1,6 Millionen Theaterbesuchen. Lediglich bei der Kennzahl der Theaterbesuche je 1.000 Einwohner nahm Hamburg mit 1.329 Theaterbesuchen je 1.000 Einwohnerinnen und Einwohner dabei den Spitzenplatz unter dem Spitzentrio der Stadtstaaten ein. Es folgten mit reichlich Abstand die Bundeshauptstadt Berlin mit 770 und Bremen mit 550 Theaterbesuchen je 1.000 Einwohner. Deutlich über dem Bundesschnitt lag aber auch Bremen mit 554 Besuchen je 1.000 Einwohner. Werden die Besuchszahlen der öffentlichen Theater zu jenen der privaten Theater ins Verhältnis gesetzt, so ist vor allem in Hamburg mit 33,6 % (0,8 Millionen Besuche) ein relativ geringer Besuchsanteil öffentlicher Theater an allen Theaterbesuchen zu konstatieren. Wie bereits in den Vorjahren bestätigt sich damit der Ruf Hamburgs als Musical-Hauptstadt, da Musicals vor allem durch Privattheater angeboten werden (Statistische Ämter des Bundes und der Länder 2020, S. 54).

An dieser Stelle ist auf die Bedeutung des Tourismus hinzuweisen, also der Anziehungskraft für externe Kaufkraft. In der Spitze kamen 2019 – also noch vor der Pandemie – ca. 800.000 Gäste im Monat nach Hamburg. Der Tourismus allgemein gilt als global größte und bedeutsamste Wirtschaftsleistung, wenngleich die Metropolregion Hamburg hier deutliche Defizite aufweist (OECD 2019, 74ff). Die Prognos AG hatte bspw. errechnet, dass 2008 der durchschnittliche Tagesgast – das entspricht ca. 96 % der Touristen in Hamburg - pro Tag und Kopf etwa 45 € für Konsum ausgibt. 45 % der Tagesgäste lassen ihr Geld im Einzelhandel, gefolgt von der Gastronomie mit 27 % (Prognos 2009: 41). Die Tourismuswirtschaft gilt zwar nach Branchen- und Verbandsangaben als Hamburgs zweitwichtigster Wirtschaftsfaktor nach der Hafenwirtschaft, von dem auch zukünftig weiteres Beschäftigungswachstum ausgehen wird. Mehr als ca. 100.000 Mitarbeiter kümmern sich um das Wohl der Gäste und erwirtschaften jedes Jahr einen Umsatz von 6 Mrd. € – Tendenz steigend (Quelle: Tourismusverband Hamburg e.V.). Dennoch zeigt sich Hamburg deutlich als Anziehungspunkt vor allem nationaler Gäste und zuvorderst jener aus der Metropolregion selbst, die zudem nur Tagesgäste sind.

Hier taucht schon die immens wichtige Unterscheidung und Abgrenzung der Kernstadt Hamburg mit ihrer Metropolregion (MRH) auf, der es ebenfalls nachzugehen lohnt! Hier kommt es mitunter zu massiven Verdrängungseffekten („*Kannibalisierung*") und Unterauslastungen zulasten der angrenzenden Regionen innerhalb der Metropolregion und auch innerhalb der Stadt selbst. So profitieren weitaus nicht alle Teile der MRH im gleichen Maße vom Tourismus. Und

---

[13] Da allerdings keine Verpflichtung zur Meldung der Daten an den Deutschen Bühnenverein e. V. besteht, ist insbesondere von einer Untererfassung der Privattheaterbesuche auszugehen, so das Statistikamt.

auch die Metropolregion wird selbst zugunsten anderer Regionen, Nord- und Ostsee, abgehängt. Obwohl die MRH die höchste Bettenzahl aufweist, verbucht sie offenbar und verglichen mit anderen deutschen Metropolregionen nicht die höchste Zahl an Übernachtungen (OECD 2019, S. 76). Und auch beim Anteil der internationalen Gäste schneidet die MRH deutlich schlechter ab: 2015 entfielen ca. 14,8% der Übernachtungen auf ausländische Gäste. Damit steht die MRH auf dem vorletzten Platz 9 der 11 deutschen Metropolregionen (ebd.). International spielt Hamburg insbesondere im Tourismus kaum eine nennenswerte Rolle. Auch das hat Gründe und Folgen, denen es nachzugehen lohnt.

1.4   Kulturpolitik vs. Stadtentwicklung

An dieser Stelle reicht der kurze Verweis auf die Kulturpolitik als politische und gesellschaftliche Steuerung kultureller Einrichtungen und Ressourcen. Diese kann sowohl privat als auch von staatlichen Institutionen und in hybrider Form betrieben werden, wie etwa in den USA, wo sie nahezu ausschließlich privat betrieben wird. In Deutschland dominieren zwar eher die staatliche Regulierung und Finanzierung, dennoch breiten sich auch hier zunehmend Modelle privater Finanzierung aus. Der häufigste Vorwurf gegenüber der Kultur lautet dennoch, dass nicht hinreichend an ihrer Refinanzierung beteiligt sei, obwohl die Betriebe, Unternehmen und Akteure dieser Branchen nachweislich Steuern zahlen. Auch das eröffnet spannende Fragen danach,

- welche Steuern und andere Einnahmen hier in welcher Art und Weise wirksam werden;
- wie sie infolge des Länderfinanzausgleichs umverteilt werden;
- Ergo: Was bleibt davon tatsächlich in Hamburg – und was und warum (nicht)?
- Wer zu welchen Teilen und aus welchem Grund und Anreiz die Lasten und Risiken sowie die inhaltliche Verantwortung für Programme und dergleichen trägt, sowie:
- wer der eigentliche Nutznießer solcher Anreize privater Kulturförderung ist.
- Wie viele Kulturstätten werden öffentlich oder privat betrieben. Warum?
- Wie hoch ist der Anteil internationaler Akteure in dem Segment?
- Wer ist hier steuerpflichtig? Konzerne oder Einzelpersonen?

Die wesentlichen Unterschiede einer Schwerpunktsetzung liegen zumeist in der Steuergesetzgebung, die eine rein private Kulturpolitik und entsprechende Förderung mitunter unattraktiv machen. Dennoch ist eine private Beteiligung seit Jahrzehnten unabweislich.

Frühere Konzepte der deutschen Kulturpolitik der 80er und 90er Jahre, die im Wesentlichen – zumindest für Hamburg - zur Stadtentwicklung gehört, unterschieden noch zwischen traditioneller Kulturförderung und Bezuschussung, die breite Teile der Bevölkerung mit den Angeboten von Theater, Museum, Oper, Musical, Konzerten, Volkshochschulen und Musikschulen und ähnlichem vertraut machen sollte, und einer eher programmatischen Politik, die auf Events und neue urbane Angebote wie etwa Shopping Malls und Erlebniswelten setzt. Insbesondere hier zeigt sich, dass Kulturförderung mittlerweile sehr breit aufgestellt ist und damit freilich diffundiert, um Anschlüsse sowohl zu finden als auch selbst zu generieren.

Allerdings beginnt damit bereits eine immanente Kontroverse um den Begriff der Urbanität und der Authentizität eines kulturellen Angebots und entsprechender Zielgruppen. Insbesondere in der Stadtsoziologie steht man erstens vor dem Problem, dass Kultur dem Wesen nach sein soll, was sie nicht ist: Sie soll als natürlich gewachsenes Habitat erscheinen. Zweitens steht man vor dem Problem, dass es kaum belastbare Antworten darauf gibt, was nun tatsächlich aus welchem Grund als erfolgreich gilt (Merkel 2017; Eckardt 2017). Absichtserklärungen, Appelle sowie parlamentarische Drucksachen[14] der Bürgerschaft und dergleichen gibt es freilich seit Jahrzehnten in mehr als ausreichender Zahl (bspw.: Dohnanyi 1983, 1985; Hüls und Dreyer 2006; Hüther 2019). Besonders gilt das für eine erlebbare Urbanität und die spezifischen Erwartungen an eine Großstadt wie Hamburg im Besonderen, etwa hinsichtlich der Vielfalt der Gastronomie und kultureller Vielfalt, aber auch der Infrastruktur in den Vierteln und lokalen Orten und Plätzen einer Stadt, die nicht zuletzt Kreative anzuziehen vermag, damit diese die erwähnten Multiplikatoreneffekte entfalten, wie Dohnanyi 1985 betonte:

> „Hamburg braucht einen Zustrom an kreativer Intelligenz, um seine Probleme zu meistern. Ich habe vor zwei Jahren auf die Bedeutung hingewiesen, die auch aus diesen Gründen Wissenschaft, Kultur und der allgemeinen Wohnqualität in unserer Stadt zukommen. Denn die kreative Intelligenz, nicht mehr gefesselt an die natürlichen Ressourcen – bei uns an den Hafen, im Ruhrgebiet an die Kohle – kann ihren Standort heute selbst wählen. Der Kopf – so habe ich damals gesagt – bringt seinen Standort mit. Und der Kopf will Qualität." (Dohnanyi o.J., S. 32)

---

[14] Siehe hier beispielsweise die Drucksachen 19/5474 vom 23.02.2010 und 22/4352 der Bürgerschaft der Freien und Hansestadt Hamburg vom 18.05.2021, jeweils mit dem Titel: Leitbild Hamburg: Wachsen mit Weitsicht (2010) und Regionale Innovationsstrategie der Freien und Hansestadt Hamburg (2021) sowie unter https://www.hamburg.de/bwfgb/15068524/start-regionale-innovationsstrategie/ (Zugriff am 28.07.21).

Stadtpolitik ist im Übrigen seit jeher zum einen Machtpolitik um Handel, geopolitische Lage und Einflussnahme, und zum anderen ist der Agglomerationsraum Stadt gegenüber dem Land stets ein Ort permanenter Veränderungen und Einflüsse. Insbesondere das Schlagwort der Gentrifizierung muss vor diesem Hintergrund deutlich kritischer betrachtet werden (Breckner 2010). Anders formuliert steht damit die Frage im Raum, ob nicht jene, die eine Veränderung beklagen, unmittelbare Nutznießer sind, oder jene, die eine Veränderung selbst vorantreiben, nicht die sind, die sie dann daraufhin beklagen. Das zeigt sich in nahezu allen Metropolen weltweit.

Hafen, Schanzenviertel und Reeperbahn etwa gelten nicht zufällig als solche „natürlichen" Erlebnisorte, während fast der gesamte Osten der Stadt, von Alsterdorf bis Wandsbek, tendenziell und aus Sicht touristischer Attraktion, eher unbeliebt, unbekannt bis unerschlossen ist. Das lässt sich jedoch geografisch erklären, denn die Vergnügungsviertel und die attraktiven Regionen liegen nahezu weltweit stets im Westen einer Stadt, während die Industrie, Gewerbegebiete und sogenannte Arbeiterviertel meist im Osten liegen. Das erklärt sich aufgrund des Ostwindes, der durch die Erddrehung entsteht und einst für eine entsprechende Ansiedlung und Verteilung, insbesondere unangenehmer Gerüche der Industrie, sorgt. Und Arbeiter haben vormals oft in der Nähe der Betriebe gewohnt und gelebt, während im Westen einer Stadt, wie etwa in Blankenese, Rissen und Sülldorf kaum nennenswert Industrie samt früherem Proletariat anzutreffen ist. Der Kern von Altona-Nord und Bahrenfeld selbst gilt hier eher als Sonderfall aufgrund seiner Nähe zum Hafen und der Elbe, während andere Stadtteile im Bezirk Altona schon wieder als chic, andere wie Osdorf als anrüchig, gelten. Industriebetriebe mitten in der Stadt und den Wohnquartieren waren dennoch bis zum Zweiten Weltkrieg eher die Regel und keine Seltenheit, wie auch in Berlin.

An dieser Stelle zeigt sich schon das grundlegende Problem einer Großstadt wie Hamburg, die sich zwangsläufig nach innen ausdifferenziert. Sie steht vor dem Problem, dass oft nur einzelne Hotspots, einzelne Punkte, Straßen und Plätze oder bestimmte Stadtteile partiell als hip und chic gelten, weil sie für bestimmte Lebenswelten, Milieus oder Ereignisse stehen oder dazu gemacht werden. Dieses Bild wird dann oft übergeneralisiert, obwohl es sich in der Breite der Stadt samt ihrer vielfachen Problemlagen nicht annähernd übertragen lässt. Sprich die Einwohner von St. Pauli, St. Georg oder dem Schanzenviertel sind nicht ausschließlich Partygänger. Eher ziehen diese Orte Anwohner und Gäste aus dem Umland an.

Dennoch fehlt der theoretische Rahmen einer solchen Betrachtung. Sprich wissenschaftliche Analyse sollte zuerst Gründe herausfinden, anstatt Auswirkungen aufzuzählen.

2   Standortpolitik[15]

2.1   Ausgangslage und Entstehung

Begrifflich wie historisch lässt sich der Terminus vom *„Standort"* auf das Modell der Thünen-Kreise von 1826 als betriebswirtschaftliche Formel der Landwirtschaft zurückführen. Thünen erschien es dort als natürlich begründet, welche Einnahmen und Kosten im Zusammenhang mit den Produkten stehen, um daraus die bestmöglichen Distributionswege in Verbindung mit möglichst hohen Erträgen zu wählen. Überführt man den Begriff nun in die Gegenwart der Hamburger Politik und ihrer komplexen Ausgangslagen, stößt man unweigerlich auf den früheren Ersten Bürgermeister Klaus von Dohnanyi (SPD, 1981 bis 1988). Als Bürgermeister hielt er am 29. November 1983 eine vielbeachtete Rede im Hamburger Überseeclub mit dem Titel *„Unternehmen Hamburg"* (Dohnanyi 1983). Genau 2 Jahre später sprach Dohnanyi dort noch einmal über *„Das geistige Gesicht Hamburgs"* und die Leistungsfähigkeit der Stadt und ihrer Wohlhabenden, die man schlicht zwecks Anreiz und Finanzierung nicht überfordern oder verschrecken dürfe (Dohnanyi 1985). Er sprach dort 1983 davon, dass sich Hamburgs Erfolg auf einen natürlichen Produktionsfaktor gründet, nämlich auf Wasser und letztlich der Elbe, der Nordsee und den Weltmeeren. Damit natürlich (im buchstäblichen Wortsinne!) verbunden seien die Verkehrswege, Außenhandel, Umschlag, Schiffbau samt Zulieferbetrieben und ihrer ganzen Peripherie, sowohl räumlich als auch die Zahl der Betriebe, die davon abhängen.[16] Dennoch habe man sich lange zu sehr auf diese wahrlich natürlichen Stärken konzentriert, ohne zu erkennen, dass sich die Realität längst geändert habe.[17] Nun wachse im wissenschaftlich-technischen Zeitalter die Bedeutung der von Menschen geschaffenen Bedingungen neuer Standortvorteile (Übersee-Club Hamburg o.J., S. 9). Hintergrund dieser Erörterungen war die wirtschaftliche Entwicklung der Stadt, die tatsächlich Anlass zur Sorge gab. Im Wesentlichen ging es um den Rückgang des industriellen Sektors, und als Folge der wachsenden Arbeitslosigkeit die entstehenden erheblichen Belastungen des Haushaltes, der wiederum durch den föderalen Finanzausgleich eingeengt wird. Anstatt nun jedoch wirtschaftspolitische Erklärungen zu suchen, folgt der Verweis auf den Strukturwandel, der sich analog in anderen Ländern

---

[15] Ich danke Rainer Volkmann für die freundliche Überlassung unseres gemeinsamen gleichnamigen und bisher unveröffentlichten Textes zum Thema. Weite Teile sind daraus entnommen und hier überarbeitet worden.

[16] Eine Untersuchung der HPA vom Februar 2021 kommt zu dem Ergebnis, dass im Jahr 2019 deutschlandweit ca. 606.700 Beschäftigte einen Bezug zum Hamburger Hafen hatten, etwa über den Export von Waren. Etwa 114.400 Arbeitsplätze sind davon unmittelbar oder mittelbar betroffen, so dass sie ohne den Hamburger Hafen nicht fortbestehen könnten. (Quelle: https://www.hamburg-port-authority.de/fileadmin/user_upload/BeschaeftigungsstudieHafenHamburg2019_Endbericht_final.pdf, Zugriff am 13.08.2021). Die OECD spricht in dem Zusammenhang vom größten Arbeitgeber der Metropolregion, der dennoch permanent unter Druck steht.

[17] Dohnanyi betont dort (1983), dass: *„(...) Hamburgs Anteil am Export und am Import (...) während der vergangenen Jahrzehnte ständig zurückgegangen (ist). Vor dreißig Jahren betrug Hamburgs Anteil am gesamten Ex- und Importgeschäft über 23 Prozent, vor zwanzig Jahren – also Anfang der sechziger Jahre – nur noch 17 Prozent und 1980 nur noch etwa zehn Prozent."*

beobachten lässt. Ein Ausweg aus dieser Situation ließe sich nur mit neuen Industrien erwarten. Gemeint waren Regionen, die aufgrund geringer Industrialisierung über größere Arbeitsmarktreserven verfügen, die das klassische Nord-Süd-Gefälle beschreiben. Hamburg hatte hier zudem aufgrund der vormaligen deutschen Teilung bis 1989 eine prekäre Randlage, sowie als traditioneller Ort des Schiffbaus mit der Werftenkrise der 1960/70er Jahre[18] zu kämpfen (Volkmann 1993, 58f). Zudem stand die Bundespolitik damals unter dem Eindruck der sogenannten Wachstumsschwäche und lang anhaltender Arbeitslosigkeit seit den späten 1960/70er Jahren, für die hier im Detail der Raum fehlt. Es sei nur am Rande auf die *„geistig-moralische Wende"* unter Bundeskanzler Helmut Kohl (CDU, 1982 bis 1998) und das sog. Lambsdorff-Papier (*„Konzept für eine Politik zur Überwindung der Wachstumsschwäche und zur Bekämpfung der Arbeitslosigkeit"*) des damaligen FDP-Wirtschaftsministers Otto Graf Lambsdorff von 1982 verwiesen. Diese Politik sollte die Antwort auf jene nationalen Krisen sein, und führte zu dem, was man landläufig als Paradigmenwechsel der Wirtschaftspolitik bezeichnet: eine Abkehr von der vormaligen Nachfrageorientierung der 1970er Jahre (*„Keynesianismus"*).[19] Ein früher Beleg solch einer Neuausrichtung ist das in der Bundesrepublik Deutschland 1967 geschaffene "*Gesetz zur Förderung von Stabilität und Wachstum der Bundesrepublik Deutschland*" mit entsprechenden Zielen und konjunkturpolitischen Instrumenten der Fiskalpolitik. Die komplexen Ursachen und Zusammenhänge reichen also weit zurück.

Um diese Entstehung hier abzuschließen, muss noch kurz auf die Ausgangslage zu Beginn der 70er Jahre verwiesen werden: Zwei Phänomene verunsicherten jenes Zeitalter hoher Beschäftigung und niedriger Inflationsraten: Das Anwachsen der Inflation und als Folge ihrer entschiedenen Bekämpfung der Anstieg der Massenarbeitslosigkeit. Mit dem Begriff der Stagflation wurde nun ein wirtschaftspolitischer Konflikt bezeichnet, sowohl Inflation oder Arbeitslosigkeit nur bekämpfen zu können, bei gleichzeitiger Verletzung des jeweils anderen Zieles. Keynesianisch begründete Konjunkturpolitik, die solche Zielkonflikte nicht vorhergesehen hatte, schien nunmehr anhand dieser Zielkonflikte überfordert zu sein (Volkmann 2019, 72f). Als Reaktion wird der einst für Vollbeschäftigung[20] verantwortliche Staat nun in eine neue Rolle zur Durchsetzung verbesserter Produktionsbedingungen für Unternehmen gedrängt. Das kennzeichnet die sogenannte Angebotsorientierung als Konterpart der Nachfrageorientierung (*„Keynes"*) samt ihren hybriden Mischformen, etwa im späteren Schröder-Blair-Papier vom 8. Juni 1999 von New Labour (*„Der Weg nach vorne für Europas Sozialdemokraten"*).

---

[18] Werften in Japan und Südkorea konnten schlicht günstiger produzieren und bauten ihre Marktanteile aus.

[19] Der Begriff des Keynesianismus geht zurück auf den britischen Ökonomen John Maynard Keynes (1883 – 1946) und kennzeichnet die Betrachtung der gesamtwirtschaftlichen Nachfrage als entscheidende Größe für Produktion und Beschäftigung.

[20] Als Ziele der staatlichen Wirtschaftspolitik nach dem Stabilitätsgesetz gelten de jure nach wie vor: Stabilität des Preisniveaus, hoher Beschäftigungsgrad (Vollbeschäftigung), außenwirtschaftliches Gleichgewicht sowie stetiges und angemessenes Wirtschaftswachstum. Das wird auch als Magisches Viereck bezeichnet.

2.2 Reaktionen und Folgen

Infolgedessen entsteht Anfang der 1980er Jahre in Hamburg zu Regierungszeiten des sozial-demokratischen Bürgermeisters Klaus von Dohnanyi die Reaktion auf jene Probleme, denen sich eine keynesianische Nachfragepolitik regelmäßig gegenübersieht. Denn folgende Probleme können durchaus aufgrund dieser Politik entstehen:

- Konjunkturpolitische Maßnahmen zur Erhöhung der Binnennachfrage können einerseits zu verstärkten Importen, also dem Abfluss heimischer Einkommen an andere Regionen und Länder, aber andererseits zu zusätzlichem Sparen im Inland und der jeweiligen Region führen, was beides nicht unmittelbar zur heimischen Produktions- und Beschäftigungserhöhung, den intendierten Zielen dieser Politik, führt.
- Die notwendige Finanzierung expansiver Maßnahmen wurde historisch häufig durch Kapitalflucht und Abwanderung der (sog.) *„Reichen"*[21] behindert. Ergo: Unternehmen und Konzerne verlagern ihren Sitz, und Individuen verlassen das Land oder die Stadt.

Diese Probleme dürften umso eher eintreten, wenn es sich wie im Fall von Hamburg um einen sehr kleinen Wirtschaftsraum mit offenen Grenzen zu den anderen Bundesländern handelt. Damals wie heute kommt es dazu, dass Großstädte wie Hamburg auch zunehmend von den Krisenlasten des Nationalstaates betroffen sind. Denn Armut konzentriert sich bekanntlich in der Stadt und zeigt Auswirkungen im Haushalt.

Eine Möglichkeit wäre also, neue Unternehmen anzuziehen; obgleich fraglich ist, ob Großstädte wie Hamburg überhaupt die finanziellen wie räumlichen Möglichkeiten haben, umfangreiche Ansiedlungspolitik für Unternehmen zu finanzieren und voranzutreiben. Unabhängig davon, tauchen die Fragen auf, ob erstens überhaupt noch Ansiedlungen von neuen Unternehmen im großen Rahmen möglich und sinnvoll sind, und zweitens, ob das die diagnostizierten makroökonomischen und politischen Probleme dauerhaft zu lösen vermag. Es sind also andere Ansätze gefragt.

2.3 Neue Regionalpolitik

Standortpolitik stellt im Ergebnis einen neuen Ansatz der Regionalpolitik dar. Wenn neue Produktionsstätten eher selten oder gar nicht mehr errichtet werden, kommt es auch nicht zu einem Zuwachs von Orten der Einkommensentstehung. Denn jede Produktionsstätte ist über Löhne, Steuern, Abgaben und Kapitaleinkommen auch ein Ort der Einkommens**entstehung**.

---

[21] Arm und reich sind für den wissenschaftlichen Diskurs unbrauchbare Vokabeln. Sie werden im Folgenden nur als Semantik benutzt.

Dann kann eine andere Politikkonzeption entworfen werden, die den Zuwachs an Gelegenheiten der Einkommens**verwendung** schaffen will. Heißt also, Arbeitsplätze werden dadurch geschaffen, dass man vielfältige Möglichkeiten der Verwendung der in Hamburg entstandenen Einkommen und auch für jene Einkommen schafft, die außerhalb von Hamburg entstanden sind. Hier betritt das Konkurrieren um vagabundierende Kaufkraft den Ort der Geschichte. Das ist ein durchaus keynesianischer Ansatz: Produktion und Beschäftigung sind Folge von auf Hamburg konzentrierter Einkommensverausgabung.

Kurzum

- Wenn eine Großstadt durchschnittlich hohe Einkommen hat - Hamburg hat traditionell das höchste Durchschnittseinkommen aller Bundesländer -, droht ganz keynesianisch eine hohe Ersparnis und Nachfrageentzug.

- Somit ist die sich daraus entwickelnde Massenarbeitslosigkeit und Armut selbst eine Ursache unzureichender Nachfrage.

- Genau dies ist die *„relative Stagnation"*, von der Keynes sprach: Die *„Reichen"* könnten mehr ausgeben, tun es aber nicht und sparen. Die *„Armen"* würden gern mehr ausgeben, haben aber kein entsprechendes Einkommen. Und selbst, wenn sie ihren partiellen Zugewinn an Einkommen konsumieren, entsteht daraus kein hinreichender und dauerhafter Impuls im Sinne eines Multiplikatoreneffektes. Die Kosten dafür sind höher als der Ertrag.

- Auch ist zu erwarten, dass Hamburger viel importieren. Denn jeder Autokauf und jede Onlinebestellung ist hier Import in die Ökonomie der Stadt.[22]

Alternativ können Hamburger Unternehmen entweder viel investieren und / oder exportieren, um den fehlenden Binnenkonsum in Hamburg zu ersetzen. Ist die Binnennachfrage gering, wäre ein wichtiges Motiv für Investitionen die erfolgreiche Suche nach Exportmöglichkeiten ($\rightarrow$ Cluster). Export heißt, Produktion und Beschäftigung hier (im Hamburger Inland) und Verkauf ans Ausland, also ans Umland der Metropolregion und übrigen Regionen. Genau das ist Sinn der Clusterbildung.

Dohnanyi hat damals den Weg vorgeschlagen *„Weg vom Wasser – hin zum Land"* (Dohnanyi 1983). Das heißt, sich auf Produktion zu konzentrieren, die in Hamburg stattfindet, aber von vornherein den Wettbewerb mit anderen Konkurrenten auf dem nationalen Markt außerhalb

---

[22] Dazu ist hier zu wissen, dass jeder lokale Markt - hier also Hamburg - als „offene Volkswirtschaft" mit Im- und Export an Waren, Dienstleistungen und Kapital im Sinne der Theorie zu betrachten ist. Diese Regel liegt dem weiteren Text zugrunde.

Hamburgs aufzunehmen. Sein unmittelbarer Erfolg war der Aufbau Hamburgs als Musical-stadt. Dem folgten die unterschiedlichsten sog. Cluster wie bspw. Life Sciences (usw.). Immer gilt es, die Kaufkraft außerhalb Hamburgs zu akquirieren und zu gewinnen. Weiter sei erinnert, dass Kultur (i.w.S.) nun zur Kernpolitik wird. Das beschränkt sich infolgedessen eben nicht nur rein auf darstellendes Spiel, sondern auch auf den Arbeits- und Veranstaltungsort. Das heißt:

- Kultur und Sport in Form von Marathon, Hafengeburtstag, Harley Days (etc.) als wei-cher Standortfaktor erreicht vielleicht, dass inländische Sparprozesse reduziert werden und Einkommen der Einwohner hier konsumiert wird.
- Kultur funktioniert als Bindeglied zwischen Tourismus, Beherbergung, Gaststätten und Einzelhandel.
- Kultur wird eingebettet in vor- und nachgelagerte ökonomisch wirksame Aktivitäten.
- Damit wird Kultur zum Exportschlager. Das bedeutet Attraktion auswärtiger Einkom-men für Hamburg.
- Nun treten die sogenannten weichen, also nicht quantifizierbare, Standortfaktoren auf.

Damit werden im Wesentlichen alle Einflussfaktoren erfasst, die vermeintlich oder tatsächlich die Entscheidung zur Verausgabung von inländischem und ausländischem Einkommen (Lohn, Investitionssummen) auf den betrachteten Standort bestimmen. Diese können nach Grundge-setz und entsprechender Zuständigkeit häufig von der hoheitlichen Ebene (Stadtstaat) auto-nom gestaltet werden (z.B. Sportfelder, Museen, Kinos, Erholungsflächen, Freizeitwerte usw.), was bei harten Standortfaktoren (Lohntarife, Steuersätze) nicht möglich ist, da sie in der Zu-ständigkeit des Bundes oder gänzlich außerhalb eines spezifischen Zugriffs liegen. Löhne und Preise entziehen sich etwa staatlicher Regulierung.

Standortpolitik ist also der politisch-konzeptionelle Ausdruck der Exportbasistheorie, also eine Leichtversion des (sog.) „Modell(s) Deutschland", mit dem Unterschied, dass die Gestaltung vieler harter Standortfaktoren (Löhne, Bodenpreise, Steuern) nicht möglich ist. Gleichzeitig spiegelt sie den Abschied von der Nachfragepolitik wider, die – berechtigt oder unberechtigt – als erfolglos betrachtet wird. Und sie ist letztlich eine Angebotspolitikvariante, weil sie die Ex-portierbarkeit gestalten will, selbst aber natürlich nicht diese Nachfragekomponente direkt er-zwingen kann.

Standortpolitik

- will Kaufkraft bzw. Einkommensverwendung auf den betreffenden Ort (hier: Ham-burg) konzentrieren;
- ist Abwerben von Kaufkraft, welche sonst andere Orte begünstigen würde. Sie will also flüchtige Kaufkraft an den eigenen Ort binden;

- will Konzentration auf Wirtschaftszweige, die ihre Produktion und Reproduktion nicht von den ökonomischen Grenzen einer kleinen Volkswirtschaft abhängig machen. Eher geht es dabei um das Umland („Ausland") in doppelter Sicht. Im Vordergrund steht hier nicht mehr die kleine lokale Unternehmung.

Die dann folgenden Konzepte der *„Wachsenden Stadt"*, *„Wachsen mit Weitsicht"*, *„Kreative Stadt"* (etc.) haben alle diese Gedankenstruktur zum Inhalt.[23] Solche eine Regionalpolitik ist hauptsächlich unternehmens- sprich: angebotsorientiert, indem sie Produktion und Reproduktion der erfolgreichen Aktivität privater Unternehmen verdankt. Diese Politik hat nicht unmittelbar eine sozialpolitische Zielsetzung, sondern sie ordnet die Sozialpolitik lediglich unter die Erfordernisse der Kapitalverwertung, deren Hofieren für die Benachteiligten und Bedürftigen wohl was abwirft und bezeichnet den sogenannten *Trickle-down-Effekt.*[24] Der große Vorwurf lautet, dass Standortpolitik sui generis Ungleichheiten anstrebt und nicht gleiche Lebensverhältnisse. Denn, indem sie den Wettbewerbsgedanken aufgreift und nutzt, wird ein Konkurrenzverhältnis geschaffen, das Regionen oder Großstädte zum Sieger zulasten anderer machen will. Daraus folgen ungleiche Lebensverhältnisse in den Regionen, aus denen die Kaufkraft abfließt. Dennoch ist auch diese Sichtweise zu eindimensional, da sie verschiedene Effekte vernachlässigt.

2.4   Die Kontroverse

Standortpolitik, etwa im Falle von Hafen und Logistik, schafft dennoch mittelbar auch expansive Effekte in allen anderen Regionen. Das heißt, der Vorwurf der Schaffung ungleicher Lebensverhältnisse muss zumindest relativiert und näher untersucht werden. Für die Kultur könnte er dennoch Geltung haben, da sie zu Verdrängungseffekten führt.

Die Schaffung gleicher ökonomischer Lebensbedingungen sind ideologische Konstruktionen der Neoklassik. Die Neoklassik erwartet, dass bei ungestörter Wettbewerbsstruktur eine Tendenz zu einem regionalen Ausgleich, eine Einheitlichkeit aller Produktionsniveaus erwartet werden kann. Herrscht in einer Region also hohe Arbeitslosigkeit und niedriges Lohnniveau, und in einer anderen Region hohe Beschäftigung und hohes Lohnniveau, kommt es demnach zu Arbeitskräftewanderungen von der schwachen zur starken Region. Folglich sinkt die Arbeitslosigkeit in der schwachen Region. Dort steigen wegen Knappheit die Löhne, während in

---

[23] Dabei handelt es sich um die sog. Leitbilder der Stadt Hamburg und entsprechender Senatspolitik des letzten Jahrzehnts seit 2003.
[24] Auch als Reaganomics bezeichnet, nachdem Steuersenkungen für höhere Einkommen zu mehr Einnahmen führen sollen. Mittlerweile wird dieser Effekt empirisch stark bezweifelt und kaum belegt, was der Attraktivität seiner Annahme jedoch keinen Abbruch tut.

der starken Region durch den Zustrom von Arbeitskräften die Löhne sinken und die Arbeitslosigkeit zunimmt. So zumindest die Annahme. Dieser Heilsversprechen widerspricht allerdings der Realität.[25] Das ist auch in ganz Europa zu beobachten: Satellitenaufnahmen zeigen eine sogenannte blaue Banane, also das bei Nacht über Europa bläulich leuchtende krumme Band ökonomischer Aktivitäten, 24 Stunden rund um die Uhr - während rechts und links davon Dunkelheit vorherrscht. Das bestätigt, dass trotz jahrzehntelanger Förderung strukturschwacher Regionen seitens der EU das ökonomische Zentrum unverändert von London über Amsterdam/Rotterdam, Frankfurt, Süddeutschland, Lyon, Montpellier und Barcelona liegt. Eine andere Abzweigung von Süddeutschland führt zum Dreieck Genua, Mailand, Turin. Damit werden sich die regionalen Arbeitsmarktdisparitäten weiter verschärfen.

In den letzten Jahren hat es einen schleichenden Perspektivenwechsel in der Raumordnungs- und Strukturpolitik gegeben. Standen in Zeiten des Wachstums ausgleichspolitische Ziele zwecks Erreichung gleichwertiger Lebensbedingungen im Vordergrund, ist jetzt umso deutlicher der Ruf nach Wachstumsorientierung zu hören. Eher ist kritisch zu hinterfragen, ob eine Umverteilung der Wachstumspotentiale in strukturschwache Regionen noch sinnvoll ist. Womöglich ist die Vorstellung, das ökonomische System tendiere zum regionalen Ausgleich, ein ideologischer Schwindel. Das Gegenteil ist der Fall.

Während die Raumwirtschaftstheorie noch fragte, warum Unternehmen einen bestimmten Raum bevorzugen, fragt nun die Neue Ökonomische Geografie (NÖG) des dafür mit dem Nobelpreis ausgezeichneten Paul Krugman[26], wie die Unternehmen diesen Raum nutzen. Krugmans zentrales Modell im Rahmen der NÖG ist ein Zentrum-Peripherie-Modell. Das Modell beschreibt die räumliche Verteilung von ökonomischen Aktivitäten zwischen zentralen und peripher gelegenen lokalen Märkten. Dabei wird das Ausmaß der räumlichen Konzentration durch die relative Stärke zwischen gegenläufig wirkenden Kräften bestimmt: zentripetale und zentrifugale Kräfte. Erste Effekte bewirken eine verstärkte Agglomeration, den sog. *home market effect*. Demnach siedeln sich Unternehmen in solchen Regionen an, in denen sie auf die größte lokale Nachfrage stoßen - inklusive kurze Wege zum Kunden. Folge: Die Produktion in den Zentren nimmt zu, auch die Arbeitskräftenachfrage und damit das Lohnniveau. Das relativ hohe Lohnniveau zieht weiter Arbeitskräfte aus der Peripherie an, das erhöht die vorhandene Nachfrage. So entsteht ein zirkulärer kumulativer Prozess. Weitere Unternehmen sind hier an den dichten Arbeitsmärkten interessiert, weil sie hier ausreichend Fachkräfte eines Arbeitskräftepools finden. Des Weiteren belegen Studien die Relevanz von räumlich begrenztem

---

[25] Kohls Ausspruch der blühenden Landschaften im Falle der ehemaligen DDR lag diese falsche Annahme zugrunde.
[26] Neue ökonomische Geografie: P. Krugman, M. Obstfeld; Internationale Wirtschaft. 6. A. München Boston 2004 (hier insbesondere Kap. 6)

Wissen (sogenannte lokalisierte Wissens-Spill-Over-Effekte)[27], welches sich positiv auf die Produktivität eines Unternehmens auswirkt, nicht zuletzt, weil es als externer Gewinn nahezu kostenlos erzielbar ist. Ergo als Standort für Kultur zieht die Stadt dann weitere Akteure an, die hier gute Bedingungen vorfinden oder vermuten, wie etwa die oben genannten Ausbildungsgänge eine entsprechende Struktur an ausreichender Nachfrage und Unterstützung.

Demgegenüber stehen die zentrifugalen Kräfte, welche die Produktion abseits des Zentrums begünstigen (z.B. hohe Mieten, Umweltprobleme etc.). Je nachdem, wie diese Kräfte zueinander stehen, kommt es zu mehr oder weniger regionalen Disparitäten der Wirtschaftskraft. Es gibt somit Standorte von Kapital und Arbeit, die Gewinner sind. Diese Praxis schafft demzufolge nicht nur Ungleichheiten zwischen Kapital und Arbeit, sondern auch zwischen Standorten. Es kann nach der NÖG sogar erwartet werden, dass sich die Wirtschaftslage prosperierender Regionen weiter verbessert zulasten anderer Regionen. Einzig über das Ausmaß und die Auswirkungen kann diskutiert werden.

Fachlicher formuliert heißt das, die Agglomerationsvorteile liegen darin, dass es für die Unternehmen zu steigenden Skalenerträgen kommt (das Gegenteil von neoklassischer Ertragsgesetzlichkeit!). Und aufgrund dieser durch geografische Nähe erzielbaren steigenden Skalenerträge verschwindet auch die sog. *Footloose Industry*, der unterstellt wird, global beliebig sich verstreuen zu können. Das Gegenteil wird eintreffen: Statt Globalisierung wird die Regionalisierung, die Kundennähe, das Vorhandensein von Arbeitskräftepools und die Nutzung kostenloser Spill-Over-Effekte wichtig sein. Diese Vorstellungen hat es in der Volkswirtschaftslehre aber immer schon gegeben: Die Theorie der innovativen Milieus (Maillat 1998) hat auch gefragt, warum einige Regionen in Bezug auf Entwicklung und Innovation erfolgreicher sind als andere. Auch hier stand dann die Bedeutung der sozialen, kulturellen und territorialen Standortfaktoren im Vordergrund. Selbst Alfred Marshall hat mit seiner *Industrial District Theory* (Marshall 1890) die räumliche Ballung von Produktionsfaktoren schon 1890 thematisiert.

Daher ist Krugmans Theorie eine Theorie der wachsenden Vorteile von urbanen Räumen. Dann steigt in solchen Theorien die Bedeutung nicht mobiler, sondern immobiler Effekte, die an einen Standort gebunden sind. Die Theorie der weichen Standortfaktoren ist dann ein Versuch, die lokalen Bedingungen von Produktion und Arbeit so zu gestalten, dass Unverwechselbarkeit, Gebundenheit und gerade nicht Globalisierung angestrebt werden. Damit haben wir eine wirtschaftswissenschaftliche Kritik an der Neoklassik, deren politischer Überbau ja der Neoliberalismus ist. Die Kritik lautet: Ökonomische Beziehungen führen zu geografischen Ungleichheiten im Raum; das neoklassische Gesetz des allokativen Ausgleichs von

---

[27] Spill-Over-Effekt bedeutet, dass der Produzent von Wissen Dritte von der Nutzung des Wissens nicht ausschließen kann, andere also dieses Wissen kostenlos internalisieren und folglich nicht selbst hervorbringen. Je geringer die Distanz der Wirtschaftssubjekte ist, umso mehr werden Wissensbestandteile ausgeweitet.

ursprünglichen Ungleichheiten wird konterkariert. Damit ist auch die Kritik der Schaffung von Ungleichheit durch Standortpolitik nicht mehr haltbar: Kapitalismus schafft immer räumlich ökonomische Ungleichheiten. Dann folgt daraus: Die Theorie der Neoklassik führt sogleich zur Clusterpolitik, denn das Cluster ist eben auch durch all die lokalen Agglomerationsvorteile, die die NÖG erläutert, hinreichend beschrieben. Die lokale Verortung der Hamburger Clusterpolitik[28] bestätigt dies allzu offensichtlich.

2.5   Clusterpolitik

Cluster (engl.; Traube, Bündel, Schwarm) sind ein Netzwerk aus verschiedenen Unternehmen, die unterschiedliche Wertschöpfungsbeiträge in einer Wertschöpfungskette leisten. Clusterpolitik hat zum Ziel die Bildung oder Förderung regionaler Wachstums- bzw. Innovationskerne. Der Bezugspunkt ist nicht geografisch, sondern funktional (z.B. Sicherung des Hafens als Containerumschlagsplatz). Die Reichweite dieser Politik bezieht sich auf den geografischen Ort des Wachstumskerns. Die Steuerung erfolgt nicht mehr über den regionalpolitischen Konsens, sondern wird einem professionellen Management (Clustermanagement) überlassen, das auch direkte Ansprechpartner in Politik und Verwaltung bereitstellt. Die überregionale Einbindung ist beabsichtigt über die Schaffung eines Clusters als Knoten in einem globalen Netz. Cluster können aber nicht durch Politik allein geschaffen oder getragen werden, sondern werden von den Aktivitäten der Unternehmen getragen. Politik in Form der Standortpolitik kann sich hier nur ergänzend einlassen.

Cluster als Netzwerke funktionieren aber nur dann, wenn die Wertschöpfungsketten vollständig sind. Standortpolitik ist dann nichts anderes als die Überprüfung von Wertschöpfungsketten auf Vollständigkeit. Daher wird sie eine Wertschöpfungskette schließen wollen, wenn hoheitliche oder andere zum Funktionieren wichtige Produktionslücken vorhanden sind. So erhielt beispielsweise einst das Cluster Luftfahrttechnik den staatlichen Studiengang der Kabinentechnologie. Das Luftfahrtcluster der Metropolregion Hamburg gehört so seit 2008 zu den Spitzenclustern des Bundesministeriums für Bildung und Forschung. Hamburg gilt infolgedessen als das größte deutsche Zentrum der zivilen Luftfahrtindustrie und neben Toulouse als das wichtigste Europas. Neben den Global Playern der Luftfahrtindustrie gehören mehr als 300 überwiegend kleine und mittelständische Unternehmen, Forschungsinstitutionen und Hochschulen sowie Aus- und Weiterbildungseinrichtungen zum sogenannten Kompetenznetz. Die gegenwärtige Regionale Innovationsstrategie der FHH (RIS) hat daher zum Ziel, unter

---

[28] https://www.hamburg.de/wirtschaft/clusterpolitik/ (Zugriff am 13.08.2021)

anderem eine Landesinnovationsförderung aufzubauen, die als Grundlage zur Gründung und Aufbau von mehreren Wissenschaftsclustern dient.[29]

Die Clusteridee lebt davon, dass zu einem bestimmten Zeitpunkt eine eigendynamische Entwicklung einsetzt. Umstritten ist, wann dieser Zeitpunkt erreicht ist. Strittig mag ebenso sein, in welcher Art und Weise sich diese Vorteile zeigen, da es sich stets um abstrakte sozioökonomische Ziele handelt, die nicht unmittelbar Auswirkung auf den Einzelnen zeigen. Vielmehr wird erwartet, dass sich allgemeine Verbesserungen für den Standort selbst ergeben, wie sie hier oben skizziert wurden. Zuwächse an Einkommen, Beschäftigung und dergleichen sind nicht das vorrangige Ziel, sondern eher ein positiver Nebeneffekt aufgrund solcher Politik, aber nicht zwangsläufig gegeben. Diese entziehen sich als solche genuin der Makroökonomie.

3   Kreative Stadt als Wachstumsmotor?

Bezugnahmen auf Kreative als *„zentrale Ressource der Wissensgesellschaft"* (Drucksache 19/5474 der Bürgerschaft der FHH vom 23.02.2010) gehen auf solche Politikentwürfe der Cluster zurück, wie auch der Theorieentwurf von Richard Florida vom *Rise of the Creative Class*. Im Übrigen bemängelt auch die OECD in ihrer Studie zur Regionalentwicklung der Metropolregion Hamburg (2019) die mangelhafte Koordination, nicht nur im Bereich Kultur:

> *„Die Region bietet vielfältige Kultur-, Natur- und Freizeitstätten. Da es jedoch an einer gemeinsamen Markenstrategie fehlt, wird dieses Potenzial nach wie vor nicht voll ausgeschöpft. Zudem gibt es kein koordiniertes Tourismusangebot für die Region."* (OECD 2019: 16)

> *„Die Arbeitsproduktivität in der MRH ist gemessen am Durchschnitt vergleichbarer Metropolregionen des OECD-Raums eher gering (sie entspricht dem Niveau von Vancouver in Kanada, ist aber geringer als in der Metropolregion Mailand). Zurückzuführen ist dies u.a. auf ein vergleichsweise niedriges Kompetenzangebot und eine geringe Innovationskapazität. Die Unternehmen haben mit Fachkräftemangel zu kämpfen. Zudem wird das Wachstumspotenzial der Region durch fehlende Koordination bei der Clusterentwicklung beeinträchtigt."* (OECD 2019: 15)

Kreativität als solche Triebfeder hat nach Florida zwei Dimensionen:

- Ökonomisch soll sie Beschäftigungs- und Wirtschaftswachstum anregen.
- Kulturell soll sie für einen attraktiven Mix aus Sub- und Hochkultur und damit für Lebensqualität in den Städten sorgen.

---

[29] https://www.hamburg.de/bwfgb/15068524/start-regionale-innovationsstrategie/ (zugriff am 15.80.2021).

Florida unterscheidet sie zwar in den sogenannten *superkreativen Kern* und *kreative Professionelle*, bleibt dabei aber einzig nur in der Ebene der altbekannten Trennung von Hand- und Kopfarbeit, die die Phase der Deindustrialisierung seit jeher begleitet, da er dort nur, und zudem willkürlich, intellektuelle Tätigkeiten aufzählt, wie Wissenschaftler, Ingenieure, Professoren, Schriftsteller, Künstler usw. (*superkreativer Kern*), und die klassischen Problemlöser, wie etwa Anwälte, Ärzte und Manager (*kreative Professionelle*). Damit kehrt er die oben näher bezeichnete These der Wirtschaftsgeografie um, nach der die Menschen nicht mehr den Arbeitsplätzen, sondern die Jobs den Beschäftigten folgen. Einen Beleg für seine Thesen bleibt Florida dennoch schuldig und bleibt stattdessen eher im Stil des Essays. So bleibt dann auch die wissenschaftliche Kritik an seinem Entwurf hauptsächlich die mangelnde Operationalisierung solcher Annahmen, in denen sich kein signifikanter Zusammenhang nachweisen lässt (Merkel 2017, 76).

Zudem, und damit steht ein fundamentaler Punkt zur Diskussion, beschreibt Florida nur eine konsumorientierte Stadtentwicklungspolitik, in der Kreative als Nachfrager bestimmter urbaner Merkmale auftreten, nicht aber als Produzenten solcher Merkmale. Hier betritt eine zentrale Debatte der Ökonomie die Bühne: die zwischen konsumtiven und investiven Ausgaben. Das ist auch die alte Kritik an der Drei-Sektoren-Theorie (Pohl 1970), ob und wie sich Nachfrage und Produktivität der Dienstleistungen (*tertiärer Sektor*)[30] vereinen und darstellen lassen.

Dennoch lässt sich ein Marketingerfolg der Thesen von Florida nicht von der Hand weisen. Selbst die UNESCO hat ein *Creative Cities Netzwerk* ins Leben gerufen.[31] Ziel ist, weltweit Städte zu vernetzen, die ihre Erfahrungen, Strategien, Ideen und modellhafte Praxis im Bereich zeitgenössischer Kunst und Kultur, einschließlich der Kulturwirtschaft, austauschen wollen, so der Wortlaut dort. Inzwischen sind 246 Städte im UNESCO-Netzwerk aktiv, darunter auch die sechs deutschen Städte Berlin, Hannover, Heidelberg, Karlsruhe, Mannheim und Potsdam. Hamburg ist offenbar nicht Teil dieses Netzwerks.

Problematisch bleibt dennoch, dass dieser Gegenstand bisher wenig erforscht, was zum Teil an den hier genannten Schwierigkeiten mangelnder Operationalisierung der Daten und Annahmen liegt. Zudem existiert ein traditionelles Bias zwischen der deutschsprachigen Stadtsoziologie und der Ökonomie und den Wertschöpfungsketten (Merkel 2017, 85).

---

[30] Primärer Sektor: Landwirtschaft, sekundärer Sektor: Industrie, tertiärer Sektor: Dienstleistungen.
[31] https://www.unesco.de/kultur-und-natur/kulturelle-vielfalt/unesco-creative-cities-netzwerk

Fazit

Im Ergebnis lässt sich also zunächst festhalten, dass jene bisherigen Entwürfe der Hamburger Standort- und Clusterpolitik zwar und im Vergleich zur Ausgangssituation der 1980er Jahre durchaus enorme Vorteile und Zugewinne gebracht haben. Dennoch steht damit eine mehr als methodische wie anspruchsvolle Frage im Raum, ob damit ein vorläufiges Ende oder nur ein Zwischenhalt erreicht ist. Wer weiß es?

Mögliche Fragestellungen zur weiteren Bearbeitung

Im Text wurden mehrfach direkte Hinweise gegeben, was näher zu untersuchen sein könnte. Darüber hinaus erscheinen folgende Punkte interessant zu sein, um darüber eine Arbeit und ein Referat schreiben zu können, um sich mit den Punkten zumindest gedanklich näher auseinanderzusetzen. Das heißt nicht, dass man zwingend eine Antwort auf seine Fragen erhält.

- **Interne und externe Effekte der Standortpolitik?** Was ist tatsächlich der entsprechenden Politik zuzurechnen? Und welche direkten und indirekten Effekte liegen weit außerhalb solcher Konzepte? Ergo wo liegen die Grenzen einer solchen Standortpolitik?
- **Jobmaschine Bühne, Musical und Kultur?** Welche Effekte lassen sich hier tatsächlich nachweisen? Woher kommen die Darsteller und anderes Personal? Welche Berufe umfasst dieses Genre? Wie viele Personen arbeiten im Segment Musical? Lassen sich diese aufschlüsseln, etwa nach Selbstständigen und Festangestellten? (s. bspw. Bundesagentur für Arbeit, ZAV, Destatis).
- **Welche Effekte haben Theater und Musicals auf den Staatshaushalt**, insbesondere, wenn diese überwiegend privat getragen sind? Wem gehören diese Theater?
- **Was verbindet die internationale Musical- und Theaterwelt mit Hamburg?** Gibt es ein Ranking zwischen Hamburg, New York und London? Welches? Besucherzahlen? Einspielergebnisse? Spieldauer? Umsätze etc. je nach Standort?
- **Lassen sich Besucherzahlen ermitteln?** verteilt auf die einzelnen Orte, Theater und Segmente? Wer sind die Gäste der Musicals? Woher kommen diese? Gibt es weitere Kategorien, wie Einkommen der Gäste?
- **Wie sind Musicals auf Deutschland und Europa verteilt?** Mit welchem Erfolg?
- **Lässt sich eine Wertschöpfungskette der Musicals darstellen?** Konsum vs. Produktion in Diskussion zu Florida und zur Creative City als Magnet der Kreativen.
- **Welche Investitionen gibt es im Bereich der Kultur**, etwa für Theater oder Rechte usw.? Wer trägt diese mit welcher Laufzeit?
- **Wie stellt sich die Kulturförderung in Hamburg im Einzelnen dar?**
- **Unterschiede und Gemeinsamkeiten zwischen privaten und öffentlichen Theatern?**
- Unternehmen Hamburg. Dohnanyi 1983 revisited 2021. Stand nach 4 Jahrzehnten.
- **Festivalisierung der Stadtpolitik. Kritische Diskussion.**
- Kultur in Hamburg im Vergleich zu anderen europäischen Metropolen und Hafenstädten. Angebot, Entstehung und Verlauf.
- Gemeinsames Fazit?

Literaturverzeichnis

Breckner, Ingrid (2010): Gentrifizierung im 21. Jahrhundert. In: *APuZ* (17), S. 27–32.

Dohnanyi, Klaus von (o.J.): Unternehmen Hamburg. In: Übersee-Club Hamburg (Hg.): Vorträge vor dem Übersee-Club von Dr. Klaus von Dohnanyi., S. 1–28.

Dohnanyi, Klaus von (1983): Unternehmen Hamburg. Der Übersee Club e.V. Hamburg, 29.11.1983. Online verfügbar unter https://www.ueberseeclub.de/resources/Server/pdf-Dateien/1980-1984/vortrag-1983-11-29Dr.%20Klaus%20von%20Dohnanyi.pdf.

Dohnanyi, Klaus von (1985): Das geistige Gesicht Hamburgs. Der Übersee Club e.V. Hamburg, 26.11.1985. Online verfügbar unter https://www.ueberseeclub.de/resources/Server/pdf-Dateien/1985-1989/vortrag-1985-11-26Dr.%20Klaus%20von%20Dohnanyi.pdf.

Eckardt, Frank (Hg.) (2017): Schlüsselwerke der Stadtforschung. Wiesbaden: Springer Fachmedien Wiesbaden.

Horkheimer, Max; Adorno, Theodor W. (2015): Kulturindustrie. Aufklärung als Massenbetrug. Hg. v. Ralf Kellermann. Stuttgart: Reclam (Was bedeutet das alles?, Nr. 19273).

Hüls, Rainer; Dreyer, Karl-Joachim (Hg.) (2006): Hamburg auf dem Weg zur Weltstadt. Hamburg: Innocentia Verl.

Hummel, Marlies; Berger, Manfred (1988): Die volkswirtschaftliche Bedeutung von Kunst und Kultur Gutachten im Auftrag des Bundesministers des Innern. Unter Mitarbeit von Manfred Berger und Franz Müller: Duncker & Humblot (Schriftenreihe des Ifo-Instituts für Wirtschaftsforschung). Online verfügbar unter https://external.dandelon.com/download/attachments/dandelon/ids/DE0040A06F76E9FF7341CC125790F001E52BA.pdf.

Hüther, Michael (Hg.) (2019): Die Zukunft der Regionen in Deutschland. Zwischen Vielfalt und Gleichwertigkeit. Köln: iW Medien (IW-Studien).

Lammers, Uwe; Maleck, Kristin (2015): Dabeisein ist alles? Chancen und Risiken einer Hamburger Olympia-Bewerbung 2024/28. Hg. v. Uwe Lammers. Hamburg.

Maillat, Denis (1998): Vom industrial district zum innovativen Milieu. In: *Geografische Zeitschrift* (1), S. 1–15.

Marshall, Alfred (1890): The Principles of Economics.

Marx, Karl (1984): Das Kapital. Kritik der politischen Ökonomie. Berlin (Ost): Dietz (MEW, 23).

Marx, Karl; Engels, Friedrich (2004): Manifest der Kommunistischen Partei. Stuttgart: Reclam.

Merkel, Janet (2017): Richard Florida: The Rise of the Creative Class. In: Frank Eckardt (Hg.): Schlüsselwerke der Stadtforschung. Wiesbaden: Springer Fachmedien Wiesbaden, S. 69–90.

OECD (2019): OECD-Berichte zur Regionalentwicklung. Metropolregion Hamburg, Deutschland. Paris: OECD Publishing.

Pohl, Hans-Joachim (1970): Kritik der Drei-Sektoren-Theorie. In: *Mitteilungenaus der Arbeitsmarktund Berufsforschung* 3. Online verfügbar unter https://core.ac.uk/download/pdf/6768680.pdf.

Statistische Ämter des Bundes und der Länder (Hg.) (2020): Kulturstatistiken. Kulturindikatoren auf einen Blick. Ein Ländervergleich. Hessisches Statistisches Landesamt. Wiesbaden. Online verfügbar unter http://www.statistikportal.de.

Übersee-Club Hamburg (Hg.) (o.J.): Vorträge vor dem Übersee-Club von Dr. Klaus von Dohnanyi.

Vobruba, Georg (2017): Die Kritikkontroverse. Problem der Unterscheidung von Theorie und Praxis. In: *Soziologie* 46 (2), 173–190.

Volkmann, Rainer (1993): Ein Standort wird durch Cats erst schön. Regionalpolitik für die Großstadt: das Beispiel Hamburg. Hamburg: VSA-Verl.

Volkmann, Rainer (2019): Sozialtheoretische Analysen eines Paradigmenwechsels der Wirtschaftspolitik. Welche Lehren kann die Sozialökonomie daraus ziehen? In: Uwe Lammers (Hg.): Theorie und Praxis in Zeiten von Fake News. Was soll man glauben und warum? Die Wissenschaft in der Krise? 1. Auflage. München: GRIN Verlag, S. 72–97.

Weber, Max (2005): Wirtschaft und Gesellschaft. Frankfurt am Main: Zweitausendeins.